JN094023

リーダーのための【最新】認知バイアスの科学

The science of cognitive BIAS

関西大学社会学部教授
藤田政博
Masahiro Fujita

その意思決定、本当に大丈夫ですか？

「フィジビリティスタディ」と東芝不正会計問題

観バイアス」とバス置き去り事故

「信念バイアス」と

池袋暴走事故

「数式効果」に見るビッグモーターの不祥事

「真実性の錯覚」とウクライナの支援疲れ報道

「確証バイアス」による旧ジャニーズ事務所問題

「時間割引」の影響？損保ジャパンの行政処分

日大アメフト部を廃部に至らせたものとは？

「同調バイアス」とレオパレス21の違法建築

頁位を間違えた
塚歌劇団

●注意
(1) 本書は著者が独自に調査した結果を出版したものです。
(2) 本書は内容について万全を期して作成いたしましたが、万一、ご不審な点や誤り、記載漏れなどお気付きの点がありましたら、出版元まで書面にてご連絡ください。
(3) 本書の内容に関して運用した結果の影響については、上記 (2) 項にかかわらず責任を負いかねます。あらかじめご了承ください。
(4) 本書の全部または一部について、出版元から文書による承諾を得ずに複製することは禁じられています。
(5) 商標
本書に記載されている会社名、商品名などは一般に各社の商標または登録商標です。

まえがき　バイアスでビジネスの世界を解釈する

新入社員のころ、入ったばかりの会社でミスをしたときに「きみはおっちょこちょいみたいだな。これからは落ち着いてやってくれよ」と、上司からやさしく注意されたことはありませんか？

上司は怒らなかったし、やさしく指導してくれたけれど、自分としては幼いころからしっかり者と言われてきたのに……と、なんとなくモヤモヤした感じが残ったことがあったかもしれません。

しかし、時が経ち、あなたが上司になったときには、新人メンバーのミスを「きみはおっちょこちょいみたいだな。これからは落ち着いてやってくれよ」と、やさしく指導しているかもしれません。

これは、現実社会によくあるバイアスの一つです。「基本的帰属の誤り」と言い、人間の行動の原因を、性格などの内的要因に帰属することを言います。

本当は、ミスの原因は仕事のフロー、睡眠不足、時間不足、人員不足、連絡の仕組みなど、新入社員が置かれた状況の側にあったのかもしれません。

しかし、そういう状況要因を考えず、ミスをした人の「おっちょこちょい」という性格が原因であると考えることで、仕事を回す仕組みを改善する機会を失うことになります。ミスが小さなものであるほど、状況要因が見逃されているかもしれません。

本書で言う**バイアスとは、心理学の分野における「認知バイアス」のことです。これは、人間が自分のまわりの物事を認識する際の歪みのこと**です。

これは最近、広く一般に知られるようになってきました。本書では、認知バイアスという観点から、さまざまな企業不祥事や倒産の事例を解釈する試みをおこないます。

バイアスによる意思決定の歪みの積み重ねが、会社を揺るがす大問題に繋がることがあるためです。

この本を手に取っていただき、誠にありがとうございます。関西大学社会学部教授の藤田政博と申します。私は社会心理学を現実社会に応用する研究をしており、とくに最近は研究だけでなく実践にも取り組んでいます。たとえば「意思決定や問題解決におけるバイアスの影響」についての、教材開発に取り組んでいます。
バイアスは、人間であれば誰にも日常的に生じるものです。

一つ例を挙げると「ハロー効果」というバイアスがあります。肩書きや見た目など、何か素晴らしいところがある人は、それ以外のすべても素晴らしいと感じてしまう傾向です。たとえば「スタンフォード大学出身の若き大手商社マン」と聞くと、じつに仕事ができて有能そうに感じます。若さという魅力がありますし、表舞台に出れば、多くの人の人気を集めるかもしれません。

しかし、肩書きが立派でも、どんな仕事でもすぐできるとは限りません。仕事には、経験と時間が必要なものや、人との繋がりが必要なものもあり、どんなに優秀な人でもできるようになるまで、一定の時間が掛かるものもあります。それでも、はたから見ていると肩書きに引きずられて、よいように認知してしまうことがあります。

こういった素晴らしい肩書きを持つ人に対し、よく批判が起きる原因は、肩書きを聞いてしまった私たちが、ハロー効果によって期待レベルを上げすぎてしまうことにもあるのかもしれません。

もっとも、バイアスを完全になくすことはできません。なぜなら「バイアスは、私たちの認知の仕組みに深く組み込まれているから」です。

人間の認知の仕組みは、生き延びるためにあります。生き延びるためには、正確に認知することよりも、短い時間で生きるのに必要な行動を起こせることが大事です。

ですから、認知として必ずしも正確でないものでも、生き残るのに不利でないものは残ってきました。また、完全に正確な結論は出せなくとも、だいたいうまくいく行動を導き出せる判断の仕組みが、サバンナ生活をしていた祖先から受け継がれてきました。


しかし、古代の環境では問題なかったバイアスも、複雑で大規模な組織によって仕事がおこなわれる現代社会では、絶望的な失敗に繋がることも出てきました。

なんとなくみんなと同じ行動を取っていたら危険な目にあったり、「きっとうまくいく」と過信して悲惨な結果に繋がったり、うまくいってきた自分たちのやり方を守っていたところ手遅れになっていたり……。これらの原因の一つには、誤った意思決定があります。そして、その意思決定に大きな影響を与えたものがバイアスなのです。


企業や組織においては、リーダーが集団の意思決定をおこないます。組織では各階層

にリーダーがいて、その階層の重要な方向づけをおこないます。

その際の情報収集や判断がバイアスの影響を受け、かつ修正されなかったら、組織の行先を誤るかもしれません。

ですから、リーダーほど、バイアスについて知っておく必要があるのです。

本書では、次のような構成で、バイアスについてお伝えします。

第1章では、リーダーにバイアス対策が必要な理由についてお話しします。

第2章は、近年、日本を揺るがした事件・事故について、その原因にバイアスがあったという観点から、10個の認知バイアスによる解釈を試みました。本章で紹介するバイアスは十大かつ重大です。その意味は、たった一つで不祥事や倒産にまで発展しかねない可能性を秘めているということです。ここから貴重な教訓を汲み取っていただければ幸いです。

第3章は、日常的に起こりやすく、組織を働きにくい環境に追いやる可能性のある20のバイアスを紹介します。おそらく「あ、これうちの会社（組織）にもある」というバイアスが見つかることでしょう。

第4章は、バイアスに限らず、組織の意思決定を妨げるさまざまな錯覚や誤謬《ごびゅう》、集団の意思決定の問題について紹介しています。

第2章から第4章は、単にバイアスや事例そのものを説明するだけではなく、どうすればそのバイアスや錯覚を軽減させることができるのか、対策についても紹介しています。ご参考になれば幸いです。

最後の第5章は、第4章までの内容を踏まえた上で、実際にはどのような意思決定をおこない、問題解決していけばいいのかを紹介していきます。

第2章から第4章までに出てくる不祥事などの事例は、バイアスに囚われた意思決定が大きな事態にまで発展したケースが少なくありません。そのような意思決定を避ける手順・思考法について紹介いたしました。

本書は、主にリーダー層に向けて書いた本であり、実際、多くのリーダーを助けてくれる本だと信じていますが、組織はリーダーだけからできているわけではありません。かつて社会心理学者のアッシュが研究したように、フォロワーの存在もとても重要です。そのため、本書は新入社員の方が読んでも役立つ知識がたくさん詰まっています。

ですので、**リーダーに限らず、多くのビジネスパーソンにとって「バイアス対策マニュアル」としてお読みいただける**と思います。

それでは、問題解決を妨げるバイアスについて知り、よりよい組織に向けてどのような対策をしていけばいいのかを、一緒に探っていきましょう。

本書は学術書ではなくビジネス書ですので、わかりやすさ、読みやすさを重視しました。最後まで飽きずにお読みいただけるように作り上げてきた書籍です。

そのため、本書の記述はそれなりの研究蓄積を下敷きにしていますが、読みやすさのため引用情報は基本的に省き、学術書の基準からするとかなり大胆な書き方も含まれています。本書は、厳密性よりも実用性、勢いや面白さを重視していますため、その点はご容赦いただければ幸いです。もし、一般向けで厳密性のより高い記述をお読みになりたい場合は、拙著『バイアスとは何か』（2021年刊、ちくま新書）をご覧ください。

バイアスに関する知識の広がりに合わせて、バイアスが現実の実務とどう関係するのか知りたいというお声を聞くようになりました。本書がそのようなご関心にお応えできていれば著者として嬉しく思います。

第3章　身近に潜む組織に悪影響な20のバイアス

目　次

第4章　意思決定を妨げる錯誤に要注意

第5章　バイアスや錯誤を把握して、ベターな問題解決を

第1章

なぜリーダーにバイアス対策が必要なのか？

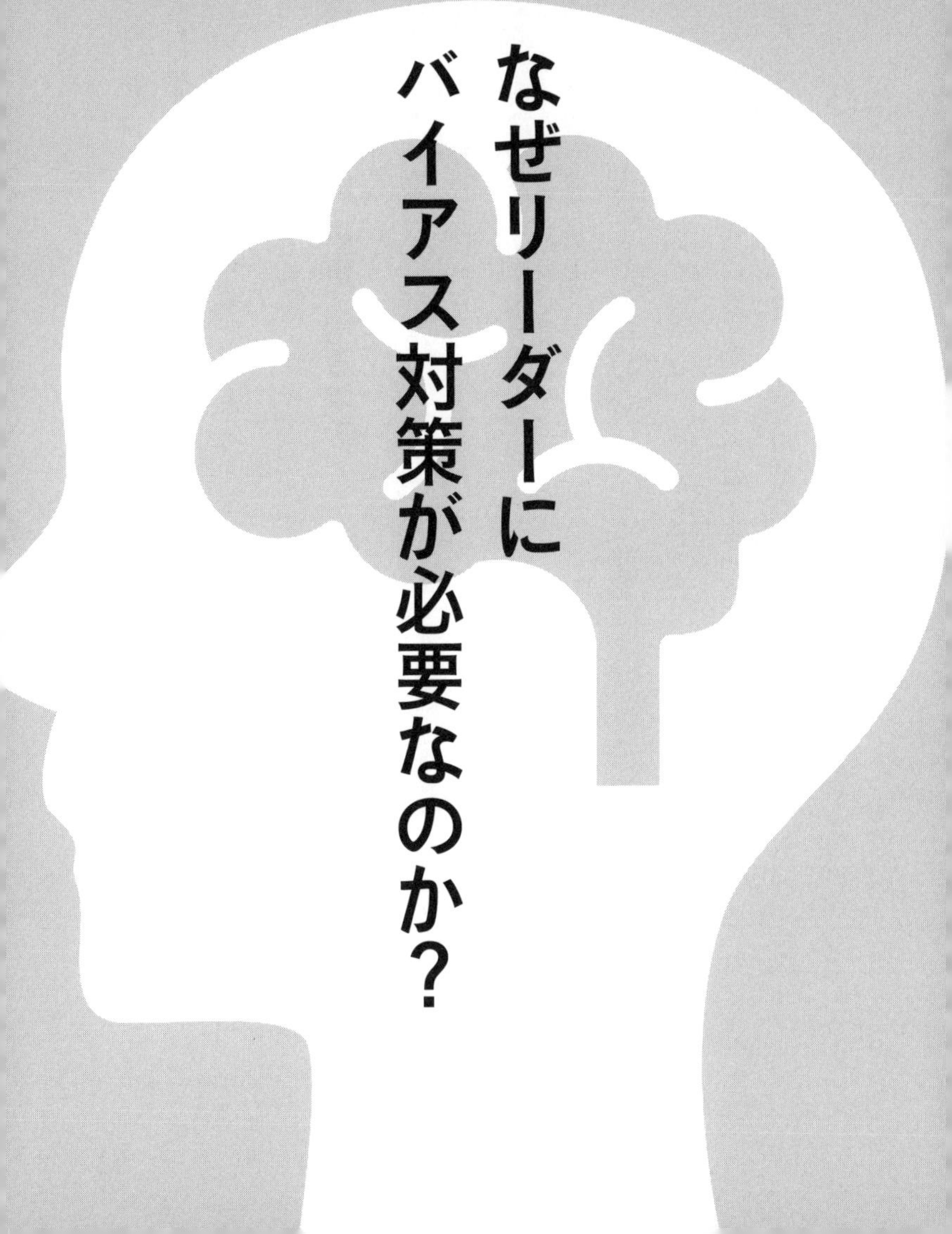

リーダーの「直観」が組織を左右していた

脳はどのように「認知」するのか

まえがきで「人の認知は歪んでしまうもの」とご紹介しましたが、ここで疑問に思った方もいると思います。

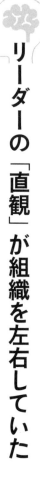

そもそも「人はどのように物事を認知しているのか？」ということです。

「脳の大《だい》統《とう》一《いつ》理《り》論《ろん》」をご存じでしょうか。

すべての知覚は、仮説とその修正であるという理論です。この理論によると、まず人は「自分の中に『外の世界とはこうなっているはずだ』という」仮説があり、感覚器官を通じて外から得た情報と、その仮説を高速で照らし合わせているそうです。

その過程で、何度か修正と外の情報との照らし合わせを繰り返し「これ以上は修正する必要がなさそうだ」ということになったら、修正をやめてその内容を認知するというわけです。

この理論によると、人間の認識とは、たとえば外にあるものを撮影して、どこにどの色がどれぐらいあるのかということを、カメラのように把握するわけではありません。むしろ「おおよそ、その辺の形はこんな感じで、色合いはこんな感じで……」と予測します。

つまり、**周囲の世界についての仮説が自分の頭の中にあり、それを目や耳などから入ってきた情報と照らし合わせて、修正を重ねて認識していく**のです。

もちろん、この修正がうまくいって外界にあるものと内的な認知が一致するところまでいけば問題ありません。しかし、修正が途中で終わってしまうと、実際とは違った形で認知することになります。

それが認知の歪み、すなわち認知バイアスになります。

こうしたことは常に起こり得ることで、リーダーに限らず、人間であればもちろん等しく全員に起こることです。これが認知の構造である以上、人であれば認知が歪む可能性は、常にあるというわけです。

もちろん、認知が歪む原因はこれだけではありません。錯視のように、人間が捉えられる情報に限界があり、限界がある情報から、もとの様子を再現するときにズレが生じるということもあります。確率の判断の歪みのように、人間の判断が理論通りにいかないことから来ることもあります。

しかし、人の認知が基本的に仮説を外の状況と照らし合わせて正しいかどうか確認していく、正しそうだと思ったところで、照らし合わせるのをやめる、そういった仕組みで成り立っているという視点はとても大事です。

修正しきれないで残った現実とのズレが、バイアスとなることがあるからです。

そして、**本書の目的は、認知が歪みそうなポイントを認識しておくというところ**にあります。

確率判断や意思決定の間違いで、これまですでにわかっているものがあります。そのようなものを知っていれば、すでにわかっている落とし穴を避けることができます。

いや、実際には事前に回避できなくとも、意思決定をした後で少し時間を取って振り返ることで、修正できる可能性が出てくるのです。

リーダーは決定権を有し、判断力を要す

　では、なぜリーダーにこそ、バイアス対策が必要なのでしょうか。

　結論から言うと、リーダーは集団や組織の意思決定をする立場にいるからです。

　たとえば、こういう会議を想像してみてください。

　営業部、企画部、開発部が出席し、新商品の名前を決める会議があったとします。

　このとき、すべての意見を出し尽くしたところに、遅れて会議室に入ってきたワンマン社長が、おもむろに「商品名は○○にする。もう決めた！」と宣言し、会議に関係ないところで商品名が決まってしまったとしたらどうでしょうか。

　仮に、社長が最初から会議に参加していて、議論が出尽くした段階で最終的に「どの部署の言い分にも一理あるが、もう時間もないから自分の責任で決める」という流れだったら、納得もいくでしょう。

　しかし、そういったやり取りもなく、会議の経緯などもすっ飛ばして、リーダーが独断で決めてしまった……。

この意思決定方法は、一種の独裁と言えそうです。集団意思決定においては、独裁と話し合いのどちらがよいかという形で、問題が立てられることがよくあります。

独裁は、独裁者が有能である限りうまくいきます。有能な独裁者の判断が間違っていなければ、反対する人の意見調整などの手間や時間を使わずに直ちに決められるからです。

さらに、独裁者が善意であれば言うことはありません。組織のメンバーや関係者全員の最善の利益や感情を尊重し、自分の利益を最優先としない。そのような意思決定を一人でおこない、通せる独裁者がいたら、みんなハッピーになるでしょう。

しかし、現実にはなかなか難しいですし、独裁では組織のメンバーの士気が下がります。そのため、会議で決定することになります。

独裁で決定がおこなわれる場合、その判断が誤っていても修正する人がいないとなると、組織がまずい方向に進んでいくことになります。

これに対して、民主的な手続では、反対意見が受け入れられる可能性があり、常に修正の機会があります。

正式な会議を経たときも、最終的には社長や部長なりリーダーが決めることもあるでしょう。その判断がバイアスの影響を受けていたとすると、組織の意思決定にバイアスが反映されることとなります。

会議よりリーダーの「直観」のほうがうまくいく？

普段は独裁者ではなくても、リーダーとして独裁的に決定しなくてはいけないという場面もあるでしょう。

たとえば、即断即決が必要なときです。危機に即応する必要があるときは、民主主義的手続に時間を掛けていると、決定的なダメージを受けることもあり得ます。

即断即決をおこなう場合、ヒューリスティックス的に決めることになるので、いろいろなバイアスの影響が出やすくなるおそれがあります。

ヒューリスティックスとは意思決定の際に、さまざまな情報などを一つずつ確認し意識的に推論しながら判断するのではなく、素早く判断することです。

会議には時間が掛かります。言葉を使ってコミュニケーションをおこない、初めて聞くメンバーがいた場合も、問題の所在を理解できるようにし、判断が形成されるまで待ち、判断の結果を再びコミュニケーションによって共有し、合意を形成していく過程だからです。

リーダーのヒューリスティックスに頼らず、民主的ではありますが、どうしても時間を要します。

そこをリーダーがヒューリスティックス的に即決するということは、リーダーがこれまでの経験で培った直観に従って、素早く判断することです。

素早く決められるのですが、それをそのまま集団の決定とする際には、ヒューリスティックス的な判断による誤りを修正する可能性がなくなるということでもあります。

しかし、ヒューリスティックス的判断は、うまくいくことが多いのです。

意外に思われるかもしれませんが、だいたいうまくいってきたという過去があるからこそ、この判断が残っているわけです。論理的に考えると、推論過程において、間違っているところがあるかもしれません。ですが、そこで出た結論は、そんなに困った結果を生まないことが多いということです。

たとえば「代表性ヒューリスティックス」というものがあります。

代表性ヒューリスティックスとは、人の特徴を見て、その特徴からカテゴリーを推測するというヒューリスティックスです。

私たちは、人を認識するとき、カテゴリーで認識しています。よほど親しくなったら「個人化」といって、その人を個人として認識しますが、それほど親しくない場合は、人をカテゴリーに分けた段階で頭の中での情報処理を終了しているのです。

つまり、他人を認識するときには、まず無意識の情報処理過程でカテゴリーに分けます。このカテゴリー分けをするときに、その人の外から見て、すぐわかる特徴から「この人はこういうカテゴリーだな」という感じに、パッと分けてしまうのです。

これが代表性ヒューリスティックスです。よくあるのは「背が高いから昔バスケット（バレーボール）部だったでしょ？」というふうに、今の特徴からカテゴリー（この場合は学生時代の部活動）を推測するのです。

「直観」と「直感」の違いとは？

代表性ヒューリスティックスは頻繁《ひんぱん》に起きますし、これもバイアスの一つですが、こういった「直観」はビジネスでは大切になることがあります。

しかし、この「直観」と「直感」は、区別しなくてはいけません。

ここでいう「直観」とは、たとえばベテラン職人の方の仕事に見られるようなものです。職人の方は、もう何十年も同じ仕事をやってきて、さまざまな経験を通じて培った暗黙知といいますか、言葉にならない知識を無意識に働かせて判断することがあります。それこそが「直観」です。

職人の方の「直観」がどのようにしてできているかについて、心理学では「熟達研究」というテーマで研究されました。それだけ、熟練者の暗黙知がどのようになっているか、その仕組みを知ることは重要です。

その仕事を何十年もやってきて、いろんな意思決定を経て成功も失敗も繰り返してきたベテランが、いざ判断するという状況下で「この案件はこっちのほうが成功する」とか「あっちを選ぶと失敗しそうだ」という見込みが、パッと立つのが「直観」です。
こうしたヒューリスティックス的判断による「直観」は、もちろん失敗することもありますが、うまくいくことも少なくありません。ですから、長い経験を積んだリーダーがその経験から導き出した判断（直観）は尊重すべきです。

ただし、**そうした直観と単なる山勘のような直感は別物**です。たしかにベテランだけど、自分の経験にはない事項を、当てずっぽうで判断するということもあるでしょう。そのような「直感」は「直観」のようには信頼できません。

「直観」を養う経験とは、単に体験するだけでなく「あのときはどうだっただろうか」などと自省することです。そこから仮説を立て、工夫を凝らし、だんだん「直観」が培われていくものでしょう。

一方、そういう過程を飛ばして「まあこれでうまくいくでしょう！」という判断も、日常語では直感と言われています。しかし、それは単なる予想で「直観」が持つほどの価値はないでしょう。

そういった「直感」ではなく、長い経験で培われた「直観」を尊重すべきです。

日常だと、何か情報を与えられてパッと出てきた判断ということで、両方とも「ちょっかん」と読んで区別することがないかもしれませんが、実際には全然違うものではないでしょうか。

「鶴の一声」も直観か直感かで違ってくる

先ほどの例で言えば、社長の「鶴の一声」が直観によるものであったら、よい組織運営になる可能性があるでしょう。

ですので、**問題は「リーダーが直観を養える経験を積んできたテーマの意思決定なのか」を見極めること**です。

長年やっているけど、リーダーが「直観」を養えるような経験を積めず、リーダー自身が十分な洞察にまで高められていないテーマについて、意思決定しなければならない場合は「直感」のままになっているでしょう。

たとえば職人さんは、モノを作るときにあれこれ試してみて「この角度でやってみてうまくいかなかった」「この角度でやってみてうまくいった」みたいなことを何万回も繰り返して、直観を養っていくものだと思います。

その際「うまくいったのは（うまくいかなかったのは）なぜか？」ということを無意識に考えていたり、思い返したりする時間があるのではないでしょうか？

そういう違いについて、ある程度の洞察に至り「こういうことなのか」という形で、自分なりに納得するものがあると思います。

一方、そういう振り返りをしないで、たとえば失敗したら「じゃあ次はこれ、次はこれ……」と、その原因について洞察したり納得したりしないで、どんどん次に行っているだけという場合は、直観は磨かれないでしょう。

一般に、長い経験を積んできたベテランは、いろいろなことを知っているでしょう。しかし、**考えを積み重ねた場合と、積み重ねていない場合では、洞察の深さは全然違う**ということは予想できるでしょう。

俗に「鶴の一声」などと言われますが、鶴の一声にも種類があって、この場合それが直感と直観の違いということです。

身近なバイアスに誰もが振り回されている

「うちはこうやってきたから」を考え直す

よくある誤りとして挙げられるのが、自然主義的誤謬《ごびゅう》というものです。簡単にいうと「うちはこうやってきたから、今後もこの方法で行くべきだ」といったふうに事実と規範を混同する誤りで、よく言われる例ですと、前例主義や慣例主義的な「べき論」です。これは組織においても見られることがあるでしょう。

前半の「うちはこうやってきた」は事実を言っただけですが、そのまま後半の「今後もこの方法で行くべきだ」と結論するのは論理の飛躍です。

「うちの会社にもある」と思われた方もおられるでしょう。これは会社に限らず、いろいろな場面で見られます。

慣例と言いましたが、そういったものは多くの場合、理不尽に作られたわけではなく、その慣例ができたときは何かしらの意味があったと思われます。しかし、その慣例ができた場面を考えずに常に適用していると、おかしなことも生じます。

たとえば、次のような例を考えてみましょう。

A大学では、ある研究費として、予算1500万円が確保されています。

そこでA大学は、大学内で研究をやる人を募集し、希望者にはいくら使うかを書いた申請書を出してもらい、審査に合格した人に分配するという手続を取ったとします。評価の結果、合格点を上回った人の希望額が、1500万円という予算を超えてしまったらどうしたらよいでしょうか？

もっと基準を上げて合格者を減らし、1500万円に収めるというのも一つの方法でしょう。しかし、研究というのは何が当たるかわかりません。そのため、なるべく多様なタネを育てるのが得策です。

そこで合格者のうち、申請書の評点が下位50％くらいの合格者の希望額の3割をカットしたところ、予算に収まりました。そのようなことが何年か続いていたので「下位者の配分額は希望額の3割カット」ということが慣習化しました。

しかしある年、合格者の配分希望額を全部合計しても予算金額の1500万円を下回りました。このとき、どうするでしょうか?

素直に考えると「そのようなときは全員に満額分配すればいい」となるでしょう。

しかし、**慣例主義に縛られると、このようなときも「下位者の配分額は希望額の3割カット」をするという意見にもなり得る**のです。

そのような考えに対しては、もちろん理由が問われるわけですが、慣例主義に縛られた答えは「これまで配分するときには下位者は3割カットしてきたから」というものになるでしょう。

ここでは、それぞれの申請希望額は個別に審査されて「研究に必要だ」と、個別の審査では認められた金額です。それが全体の会議で、予算があるのにカットされるということは、研究費を受ける研究者に対して説明ができないでしょう。

また、本来必要な金額をカットすれば、できる研究もできなくなります。しかし、それでも「悪しき慣例主義」があれば、頑なに「これまで3割カットしてきたから」と(その年においては最適な)判断を押し切ってしまうのです。

これまでは、審査に合格した人をすべて採用すると、予算金額がはみ出る状況があったのでしょう。そこで合格者をさらに減らすことはせず「合否がボーダー上の人まですべて採用し、3割カットで予算に収めよう」ということだったのでしょう。その状況では適切な判断と言えます。

しかし、その状況前提が違っているときでさえ、そうしなければならないというふうに判断されるのは、まさに自然主義的誤謬です。

書籍の印税が10％という具体的な根拠とは？

この例のように、いわゆる「悪しき慣例主義」には、自然主義的誤謬の結果、そのような意思決定をしているということもあるのではないでしょうか。

「○○主義」という考え方の問題ではなく、バイアスの問題かもしれないのです。

たとえば、出版社の印税は広く知られているように10％が多いです。

最近は出版不況もありますし、カラーの本などは印税が下がることもありますが、10％が一つの目安になっています。

でも、**この10%という数字は、出版社が「通常、こうなっているので」で提案されて、著者側もそれを了承するという感じになっているのが実情**です。

私も、そのようにして出版業界が維持されていくのであれば、それでいいのではないかと考えていたのですが、ある仲のいい編集者さんと話していたときに、もっと別の分け方もあり得るのではないかと気づきました。自分でも、アンカリング効果（後述）に囚われていたのです。

もちろん、著者と出版社が毎回丁々発止、交渉しなければならなくなれば交渉のコストが発生するので、社会全体としてみたらコスト高になってしまうかもしれません。

そして出版社も、売上の100%を受け取るわけではありません。出版社は、本を印刷して、全国の書店に配送し、逆に返品も受けて、編集者や営業マンの人件費も払わなくてはなりません。かなりお金が掛かるということです。

とすると、こういったコストが削減できる電子書籍であれば、印税率はもう少し上がってもいいのかもしれません。

たとえば、アマゾンの「アマゾンダイレクトパブリッシング」は、アマゾンが提案する価格設定を受け入れると著者が売上の75％をもらえるそうです。

編集・校正・印刷・製本・配本・営業などのコストがまったく掛からなければ、この支払いスキームは合理的かもしれません。また、出版社であっても、紙の本の印税率と、電子書籍の印税率が違っていて、電子書籍のほうが高いこともよくあります。

いずれにしろ、自然主義的誤謬を説明する上で「書籍の印税10％」という例は、出版に関わったことのある方ですと、非常にわかりやすいエピソードと言えるでしょう。

「それでうまくいっていた」という過去がある

A大学の例にしろ、印税の例にしろ「今まで、それでうまくやってきた」という背景がありました。

前者の例は、予算に対して「申請額を削らないと、合格者を大幅に減らさなければならない」ということのほうが圧倒的に多い、という状況が続いてきたのだと思います。なるべく多くの研究のタネを育てるという観点からは、合格者を減らすより1件当たりの配分額を減らすほうがよいことになります。

一度やってうまく進み、その後、同じ状況が繰り返されても、同じようにやってうまく進めてきたという事実が踏襲《とうしゅう》されてきたので、今回も「審査に合格した人でも予算を削る」と判断された……。

いつのまにか「べき」に変わっていれば自然主義的誤謬と言えます。

印税についても「ずっと10％だったのだから今後も10％であるべき」であれば、自然主義的誤謬と言えます。しかも「10％」という数字は、非常にキリがよくわかりやすいものです。これが9％だったら、また違った状況になっていたかもしれません。

のちほど、第3章で「アンカリング効果」の項で詳しくお話ししますが、こういった数字は「0」や「5」など、キリがいい数字ほどインパクトが大きくなります。

自然主義的誤謬は私たちが気づかずに陥っていますし、当たり前になっていることも多いかもしれません。

もし、ご自分の会社で昔から続く慣例で「もう不要なのではないか」「むしろ廃止したほうがいいのでは」というものがあったら、まったくゼロから考えて、今からそのやり方を採用するかを考えてみるのもいいかもしれません。

リーダーが掛かりやすいバイアスとは何か？

人の行動に、じつは性格は思ったほど関係がない

ポピュラーなバイアスとして、一貫性バイアスも挙げられます。これはリーダーとなる方であれば、気をつける必要のあるバイアスの一つです。

これは**「人の行動の傾向や、その人の内側にある考え方などは、常に変わらずに存在する」**と感じるというバイアスです。

たとえば、普段から「だらしがない」と思っている部下がいて、その部下が会社に遅れてきたら「あいつはいつもだらしないからな」と判断するとき、このバイアスの影響を受けているかもしれません。

「だらしがない」という内的要因が、その部下にあって、いつもその影響を受けて行動すると考えるバイアスがあると、このような判断になるでしょう。

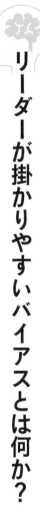

本当は事故で電車が遅れてしまい、やむを得ず遅刻してきたのかもしれません。しかし、そういったことを考慮せずに、さっと判断してしまうのです。

多忙で、一つ一つのことを考える心の「リソース」がないときほど、陥りそうなバイアスと言えます。簡単に言えば「十分に検討する余裕がない」とでも言いましょうか。**「個人には性格というものがあって、いつもその性格に従って行動するものだ」と思っていると、それが一貫性バイアスとなり得ます。**

この考えは「性格が変わらない限り、行動は変わらないのだ」という考えにもつながります。だから私たちは、自分や他者の性格を知りたいと思うのでしょう。

一貫性バイアスに囚《とら》われると、柔軟な思考が失われます。先の例でいえば、上司は「この部下は今日なんで遅れたのかな?」と部下の様子を観察したり考えたりせずに「だらしがない性格」が原因と考えて、それ以上は考えなくなるのです。

なぜなら、逐一「今回どうしてあの人はああいう行動を取ったのか」と考えるより「あの人はああいう性格だから」として終わりにしたほうが楽だからです。

一貫性バイアスは、状況の力を無視する方向に働きます。

「人の行動は（結構）状況で決まる」というのが社会心理学の考え方ですが、それと反するのが一貫性バイアスです。

もちろん、人の行動は状況だけで決まるわけではありません。正確には「状況とその人個人の要因で決まる」と言えます。

いずれにしろ、状況の影響の大きさを強調するのが社会心理学の考え方です。

「自分はすごい」「自分以外はすごくない」と考えてしまう

一貫性バイアスで、会社が直ちに危機に陥ることはないと思いますが、人事評価という点では影響を考慮する必要があります。

同じように、リーダーが囚われてしまうと、人事評価などで組織として影響が出るのが自己奉仕バイアスです。

セルフサービングバイアスとも言いますが、要するに「よい結果が起きたのは自分のおかげ」「悪い結果が起きたのは自分以外のせい」と物事の原因を認識してしまうバイ

アスです。

私たちは誰でもしていることですが、リーダーや社長が仕事面でおこなうと、影響が組織全体に広がります。

このバイアスに囚われると「うまくいったときは自分の能力や自分の努力のおかげで、悪いことが起きたときは外的な状況や他者の行動が悪かったから」となってしまいます。

つまり、向こうに原因があるとか、相手が悪かったからと考えるようになるのです。

これに、第3章でご紹介する「基本的帰属の誤り」が加わると「悪いことが起きたときは他者の能力がなかったから」と考えてしまう可能性が出てきます。

日本では、企業の不祥事などが起きて大きな問題になった際、トップの謝罪会見がおこなわれることがよくあります。

多くの場合、ことのなりゆきを幅広い対象者に説明して、納得を得ます。世間をお騒がせした場合、企業のトップがそれを沈静化するべく取られる、重要なコミュニケーションの一つです。

しかし、謝罪のための記者会見なのに、十分その機能を果たしていないなと思われる会見も、ときにおこなわれることがあります。

はっきりは言わないにしても、謝罪することが期待されている会見の当事者の言葉の端々から「このような悪いことが起きたのは、まわりのせい・状況のせいなのだ……」という叫びが聞こえてくるような場合です。

はたからは「失敗を人のせいにして……」と見えるのですが、じつは発言している本人は「客観的に考えてそう見える」と、本気で考えているのです。その原因が自己奉仕バイアスです。

せっかく会見を開いても、責任回避と思われてしまっては、見ている人たちも納得せず、謝罪会見を開いた目的が達成されなくなってしまいます。

「何のために謝っているのか」をよく考える

納得してもらうという意味では、ミスした部下と一緒に、得意先に上司が謝りに行くということもあります。

このような場合、**上司が自己奉仕バイアスに陥っていたら「この状況が起きたのは部下のせいだ」と考え、部下を得意先と一緒に責めてしまう**おそれがあります。そうでなければ「私の管理不足、指導不足でした」と得意先に謝ることもできます。

もし、上司が得意先と同じ立場になって部下を責めたら、部下からすれば、わざわざ同行しておきながら、味方になってくれずに責められるわけですから面目丸つぶれです。そんな会社にはいたくないと思ってしまうかもしれません。

ミスをした部下にも自尊心はあります。リーダーは「自分は何のために謝っているのか」を考え、常に部下をリードできる存在でありたいものです。

メンバーの士気を下げる「不作為バイアス」

景気が悪いときこそ気をつけたい

リーダーよりも、チームのメンバーが陥りがちなバイアスもあります。

その一つが、不作為バイアスと呼ばれるものです。

不作為バイアスとは、何かをしてイヤなことが起こるならば、何もしないほうがよいと考えてしまうことです。

たとえば、年間１０００人の命を奪っている感染症が流行ったとします。そこに、感染症にかからない薬が開発されたとしましょう。

しかし、強い薬のため重篤《じゅうとく》な副作用が生じ、年間７００人ほどの命が奪われてしまいます。このとき政策判断者が「それであれば、その薬を認可しなくてもよい」と、薬が使われるようになることを拒むという話です。

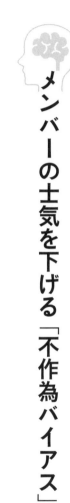

そのままでも悪いことが起きるときに、悪いことが起きる可能性を減らせる行動はあるが、やらないでおくというのがこのバイアスです。

いずれにせよマイナスなのだから（何もしないほうがマイナスは大きいけれど）何もしないほうがいいという意思決定をします。

先ほどの感染症の例は極端ですが、よくあるのは「結局マイナスであれば、面倒くさいからやらない」というケースでしょう。

この「面倒くさい」というのは、つまり行動する際のコストです。コストを掛けても結果がマイナスならば、たとえ行動することでそのマイナスが小さくなるとしても、やらないでおこうという思考が働きやすいということなのです。

ですから、このバイアスは、業績が右肩下がりのときに生じやすいと言えます。もう目標には届かないけれど、がんばれば近づくことはできる……でもどうせ届かないし、がんばりが報われないのもイヤだからやらない、という状況が想定できるでしょう。

不作為バイアスにむしばまれた組織

たとえば、個人目標を達成したのに、全体が右肩下がりであれば、人事評価がよくても給与がマイナスになることもあり得ます。

そのとき**「ほかの社員はマイナス10だけど、きみはがんばったからマイナス４で済んだ」という評価をされても、なかなか気持ちよく仕事はできない**でしょう。

リーダーは、部下を評価する仕事をしなければなりませんが、会社全体が右肩下がりのときで会社にお金がないときには、評価をよくしてもボーナスなどでマイナスにならざるを得ないことがあります。

その結果、社員に不作為バイアスが生じてしまっても無理はありません。これは不況時のマネジメントとして、大事なポイントの一つになりそうです。

その結果、組織としての活力や前向きさが、失われるおそれがあるでしょう。

今は幸い、日本では会社の貯金、つまり企業の内部留保は増えています。最近は賃上げの事例も増えています。内部留保はすべてが現金ではないので、すぐに使えるわけではありませんが、社員への還元を先延ばししていると、そのあいだに組織が不作為バイアスにむしばまれる危険性もあります。

たとえば**「エース候補を何人も採用したのに、なかなかうまく育っていない」という会社のリーダーは、不作為バイアスを疑ってみてもいい**かもしれません。

給料は一度上げると下げられません。ボーナスはともかく基本給はとくにそうです。今は払えても、また景気が悪くなったらどうするのか……。人件費だけでなく、税金も待ったなしで払い続けなくてはなりません。

そのような不安は十分に理解できるものですが、それによって社員への還元を先延ばしすることの副作用についても、よく意識しておく必要があります。

検討もせずに「やらない」こそ「やってはいけない」

会社に限らず、こういった不作為バイアスはいろいろな現場で生じ得ます。

教育機関で言えば、今は少子化の影響を受けています。大学の組織運営でも入試を受ける受験生が徐々に減っているという問題が各地の大学につきつけられています。その対応として、閉校や合併がおこなわれています。

たとえば、毎年1000人ずつ減っていく今の状況下で、ある対策を打つと多少コストは掛かるものの、減る人数が毎年500人になるとしましょう。

対策を打ったほうがいいのでしょうが、不作為バイアスに囚われていると「どうせ減るならやらないほうがいい」となる可能性は否定できません。

対策を打ったときのコストや、本当に半減するのかを検討した上で「やらない」となるならよいですが、本当に「やらない」という選択肢を採ることが組織として正しいのか、ある程度の時間を掛けて正確に検証する姿勢も大切にしたいものです。

組織内に「心理的安全性」が確保されているか？

「同調バイアス」が生じやすい日本の職場

会社員と会社の関係では、長期雇用が社員にとって重要ですし、素直に「ハイ」と言うことができる社員が、会社にとって重要です。組織として大きな仕事をしようとすれば、ある程度は長く会社で働いてもらって、社員にスキルを身につけてもらわないといけませんし、組織の方針を実行してもらわないと困るからです。

そのような環境下で起こりやすいバイアスが、同調バイアスです。**同調バイアスは、まわりの人々に合わせて行動し、自分だけ違った行動を取らないようにすることです。**

第2章で事例を交えて詳述しますが、このバイアスは、組織の中でも広く発揮されます。会議やミーティングなどで、仮に言いたいことがあっても「誰も何も言わないだろうな」と悟って、やはり自分も意見しないなどというケースです。

私がある講演会で「心理的安全性」のお話をした際に、**「うちの会社にとって、心理的安全性というのは人事的危険性です」**という主旨の感想をいただきました。

つまり、心理的に安全だと思ってあれこれ言ったら、次の人事で報復を受けるということです。

「心理的安全性」は、経営ではすでによく言われて知っているけれども、真の意味の心理的安全性は、会社組織の中ではなかなか実現が難しいということをおっしゃりたかったのだと思います。

そういう組織では、たとえリーダーが「既存の枠に縛られない新しいアイデアを出してほしい」と言っても、なかなか出てきません。リーダーの悩みとしては「部下からアイデアが出てこない」という形で表れます。

「何でもいいから言ってよ」と言っても、通り一遍の話しか出てこないのは、真の意味での「心理的安全性」がないことが一つの要因と思われます。

やはり、何を言っても大丈夫だという雰囲気がない限り、自由な意見はなかなか出てこないものです。

建前だけではうまくいかない場合

同調バイアスは、本音と建前の使い分けに通じることもあります。

建前で同調しつつ、本音ではそうではないということがあり得るからです。

環境の変化が少なく、前例に従って組織の雰囲気を壊さずにやっていけば仕事がこなせる組織であれば、そのようにやっていくことに問題はありません。

しかし、環境の変化が激しく、前例のない状況に対応しなければならないとき、つまり**新しい試行錯誤が必要だとか、クリエイティブな作業が求められているとなると、建前だけではうまくいかないことも出てくる**と思います。

もちろん、いつでも本音を言っていればいいということとも違います。組織内や取引先との関係を壊したりすれば、業務に支障があるでしょう。適切な人間関係の距離を取ることは必要です。

しかし、クリエイティブなことをやるには、頭の中にあるアイデアを「こんなことを言って、バカにされたり否定されたりしないかな」という心配なしに言えなければなりません。ある程度、社会的距離が近くないと難しいのです。その雰囲気は、本音を出せる雰囲気と同じでしょう。

現在のように環境の変化が激しく、他国のキャッチアップだけでは立ち行かない状況では「新しいアイデアが必要だ」という場面や、クリエイティブなことをやらなくてはいけない場面があります。

ですから、建前しか言えないような社会的距離の人間関係ばかりでは、うまく立ち行かなくなってしまいます。

日本人の社会的アイデンティティの高さ

心理的安全性とも関連しますが、日本の組織は誰に責任があるのかがわかりにくいと言われています。決定権者はわかるけれど、必ずしも責任者とは一致しない……それはなぜでしょうか？

その一つは会議のあり方にあります。

たとえば、**日本では「会議をやった」という感覚をみんなが持つということが、会議が果たす機能の一つ**となっています。

本来の会議の機能は、メンバーの情報と判断力を持ち寄り、いくつかの選択肢から選び取り、ネクストアクションを決めることと言えます。

しかし、それに加えて、あるいはそれ以上に、会議とは各メンバーが所属感を持つために時間を共有して、コミュニケーションの時間を一緒に持つという事実を作ることに意味がある、と考えられている場合があるのです。つまり「私はこのチームに所属しているのだ」という感覚をみんなが持つということです。

さらに、所属感だけでなく、責任の所在が曖昧になる機能を果たすこともあります。「みんなで決めたんだから」と、みんなが関与した決定だということになるのです。

日本人は、社会的アイデンティティを重視する傾向が欧米人よりも強いです。また、**自尊感情を高めるために、自分の集団がよいものであるという「集団高揚」をおこないます。**日本人は「自分は何者か」という問題の答えを「どこの組織に所属しているか」ということに求める傾向が強いのです。

アイデンティティとは、自分は何者かを定義する理解や感覚のことを言います。

自分はどこで生まれて、こんな能力があって、こんな実績があるなどという、自分と関連する情報や記憶によって作られるのが個人的アイデンティティです。

一方、自分はどこの集団に所属しているかということで、自分は何者かという感覚を得ようとするのが社会的アイデンティティです。

個人的アイデンティティと社会的アイデンティティのバランスでいうと、日本人は社会的アイデンティティのほうに寄っていると言えそうです。

外国でも「自分は○○会社所属だ」という所属集団性によって、自分を規定するという傾向はあります。しかし、重視する程度が日本人のほうが強いのです。

責任の所在が曖昧な国の現実

理想的な組織では、責任と権限が一体化していますが、現実には責任の所在が曖昧なことがあります。

先ほどの例のように、不祥事を起こして謝罪会見を開いた会社の社長が「まわりのせい」というコメントを発すれば、見ているほうは謝罪というよりも責任逃れをしたいのだと感じるでしょう。

リーダーに求められるのは、部下には思い切りやらせて、最後に責任を取ることです。そのようなリーダーであれば、メンバーもついていきたくなるでしょう。

たとえ実態として本当のことでも「(みんなで)決めたことです」というセリフを、自分の責任を取らない文脈で使うことは、なるべく避けたいものです。

なぜ日本大学は責任の所在がわかりにくかったのか?

さらに、多数の職階がある組織では、課長が責任を取れば済むのか、いや部長なのか、社長なのか、あるいは主任なのか……ということも問題になるでしょう。

それに加えて、そもそも誰の責任なのかがわかりにくいという場合もあります。

たとえば、2023年に日本大学が不祥事を起した際「理事長と学長、どちらの責任なの?」と話題になりましたが、対外的にはわかりにくかったのでしょう。

私立大学は、教学組織と経営組織が別になっていて、それぞれにトップがいます。これもわかりにくさの原因の一つだったと思われます。

教学のトップが学長で、経営のトップが理事長です。

トップが複数いるのは、大学が本来的に研究・教育という、必ずしも世の経済の論理だけで動くべきでない活動を担う組織だからです。

まず、研究・教育を組織的におこなうためには、研究・教育のための組織が必要になります。そのトップが学長です。

一方で、大学も霞《かすみ》を食べては生きていけません。収入と支出ときちんと管理して、経済的に破綻《はたん》しないように大学を運営するため、世の経済の論理と整合させるための組織が必要です。そのトップを担うのが理事長なのです。

そのような組織形態が一般にはなじみがないのと、運営実態としての責任の所在のわかりにくさの両方があいまって、世の批判を巻き起こしたのかもしれません。

それに対し、法人の多くを占める会社は、世の経済の論理の中で自らの役割を果たす組織です。そのため、一つの会社には組織の系統が一つしかなく、トップも一つ（株式会社の経営ならば取締役会で、執行の最高責任者は代表取締役）です。

トップが一人しかいない会社であれば、ワンマン社長が出てきて「責任は俺が取る」と言ってくれれば、外から見ている人にとってわかりやすいと言えます。

ただし、**法律上のトップとされる人と、組織の現実として誰が責任を取るのかは別問題というのが現実**です。

「責任を感じております」と発言する責任者が、その責任を取らないということもあるので、責任の所在を明確にするのが現実的には難しいのかもしれません。

「会議が大好きな独断型リーダー」は「独裁」

会議は集団での意思決定で、民主的な手続であり、独裁はその反対です。

では、仮にリーダーが独断的な組織運営を好んでいるのに、会議もまた大好きだという場合はどうでしょうか？　そんなことはあり得ないでしょうか？

では、このような組織を例に考えてみましょう。

そこは、独自に予算を取って人も雇う、独立採算制度組織みたいなところです。しかし、その組織のトップがワンマン気質な人で、何でも独断で決めていきます。

しかし時々、思いついたように何人かの部下を呼び出します。

そして、部下の都合はおかまいなしで「○○について会議する」と言って、自説を長々と開陳《かいちん》してから「要するに、○○はこうだよな」と結論を言って会議を終えるのです。結局、その組織のトップの自説が会議の決定ということになります。

部下からすれば「私たちの時間は何だったの？」となるでしょう。部下たちの時間を奪わない分、会議しないほうがマシかもしれません。

そして、そうやって決めておきながら、翌週には自分が決めたことと反対のことを、そのリーダー自身がやり始めます。そういうことが何度もあると、会議が多い割に事実上は独断で、しかも会議で決めたことがひっくり返されています。

さらに、もし何かよくないことがあっても、トップが「みんなで決めたことだよな？」と言えば、責任が曖昧になるおそれもあります。

組織の意思決定について、そもそもルール化していないところから問題が生じています。通常の組織であれば、仮に明文化されていなくても慣習的な目安がありますが、そのようなものがなければ、リーダー以外のメンバーは働きにくくなります。

それに加えて、**何かあったときは自分が責任を取らされる可能性があると感じれば、仕事全体に尻込みしがちになる**でしょう。

ここで例に出したような組織の運営方法では、上司のほうを向いて仕事をすることになります。**このような組織で「顧客第一」を実践するのは難しいでしょう。「顧客第一ができない原因は、メンバーの意識ややる気の問題だけではなく、組織運営方法にもあるのかもしれません。**

上司のほうが部下にとって大事な「顧客」であるならば、そちらの意向を優先させることになります。

バイアス対策が組織を生かす

ここで見たような組織では、リーダーが独断をしつつ、会議という形を取って安心を得ようとしていました。

その安心とは「一人で決めなくていい」というものです。

「リーダーは孤独」とよく言われますが、それは最終的に決断を自分でおこなわなくてはならないからです。最終的に選択するのがリーダーの仕事ですが、その際には常に心の中の仮想敵と戦っています。

いわば、自分が選択しなかった選択肢からの批判や、そちらのほうがよかったのではないかという思いです。そのような葛藤を少しでも緩和するために、人と話しておきたいのです。みんなで決めたとなると、責任が分散したように感じます。

「リーダーは孤独」という言葉の中には、リーダーは一人で責任を負わなくてはいけない、というニュアンスも入っています。それは本来のリーダーのあり方かもしれません。ただ、一人で責任を負うのは精神的に負担が大きいものです。

そこで部下と話をして、精神的負担を緩和しようとします。

このようにして、精神的負担の緩和を試みるのが、独断的だが独裁になりきれないリーダーですが、それでも**いったんことが起これば、避けられずに責任を負うこともある**でしょう。

あるいは、責任を負うようなことがとくに起こらなくとも、日々の組織の運営に、バイアスから来るさまざまな問題がひそんでいれば、それは徐々に組織をむしばんでいくかもしれません。それは、部下のやる気が低下したり、定着率が下がったり、会議で発言しなくなったりといった形で表れてきます。

だからこそ、リーダーにはバイアス対策が必要なのです。

バイアスを完全に消し去ることはできません。しかし、バイアスの効果を知り、対策を取っておけば、いざというとき傷を浅くすることも可能です。問題が徐々に大きくなりつつあるときに、途中で気づくことも可能になるでしょう。

また普段の事業において、リーダーは重大な決断の連続です。バイアスに囚われた選択をしたことで、重大なピンチに陥らないようにしなくてはなりません。

次の章ではそういった過去の事例を振り返りながら、どのようなバイアスに囚われたことで組織がピンチに陥ったのか、もし我が身に降り掛かったとき、どのように対策を採ればいいかについて、さまざまな例から得られる教訓を汲んでいきましょう。

第2章

実例から押さえておきたい重大（十大）バイアス

「正常性バイアス」に陥った侵攻前の有識者たち

なぜ「ロシアは攻めてこない」と思っていたのか？

２０２２年２月、ロシアによるウクライナ侵攻が始まり、２０２４年３月現在も続いています。

これは、突如として始まったわけではありません。欧米各国から「ロシアがウクライナに攻め込んでくる」と指摘されていたのです。ですが、その一方で、「全面戦争は決して起こらない」と考えていた有識者も多数いました。

当時のニュース番組では、現地のジャーナリストにマイクを向けられたウクライナ兵たちが「(ロシアとの戦争は)デマだ、信じるな」などと楽観的な返答をしている場面が流れていました。もしかすると、これ自体情報工作だったのかもしれませんが、現実にロシアが侵攻を開始したのは、その直後のことでした。

このように**正常性バイアスとは、緊急の場面で楽観的に判断をするバイアス**です。このようなことが起こるのは戦争のときだけでなく、災害時にも正常性バイアスは発揮されます。

たとえば、大地震の後に大きな津波がやってくることがあります。

そういうときに、地域防災無線などで「津波が来ます。避難してください」と言われても、とくに自宅が倒壊しなかった方は「私は家でいつも通り生活しているし、まあ大丈夫だろう」と判断してしまうのです。

すると避難が遅れたり、あるいは避難しなかったりで津波に巻き込まれてしまう……

こういうことが発生するのが正常性バイアスです。**つまり「（災害時でも）今の自分がいる状況は普段と変わらない」と、実際以上に思い込んでしまうのです。**

このようなことが知られるようになってきたため、2024年1月に発生した能登半島地震では、テレビで「津波！　逃げて！」とかなり激しく（大きな字幕で）避難を促す放送がおこなわれました。これに対し、一部で批判の声も上がりましたが、過去の事例から学んで、少しでも多くの人が避難するのに役立ったと思われます。

侵攻前の状況で言うと、実際にロシアはウクライナとの国境辺りに、大量に軍隊を送っていました。それでも「単なる脅し」と捉えられていたのです。

「ロシアがその軍隊を進めて全面戦争になったら、おそらくロシアにも重大な被害が出るだろうし、ほかの国もどんどん巻き込まれる可能性もある。第三次世界大戦に発展し、核攻撃という話にもなりかねないので、そこはやらないでしょう」と。

これこそ、まさに正常性バイアスです。なぜ、このバイアスが働くのかというと**「自分が住んでいるこの世界は安定しており、その安定が続くのだ」と考えたほうが、精神的に安定して過ごせる**からです。誰でも、第三次世界大戦になって核攻撃が始まり、地球滅亡……ということは考えたくないのです。

災害場面でも同じで「自分の住んでいる家が津波で流されてしまう」など、天変地異によって自分の生活基盤がなくなるということは起きないと考えたほうが、心理的に安定していられます。

つまり、論理的に考えられるかどうかという話ではなく、そう捉えたほうが精神的に安定できるからそのように考えるという話なのです。

末期状態になるまで気づかない「最強のバイアス」

裏を返せば、このバイアスに掛かるときは、すでに事態が深刻化しているときです。ビジネスで言えば、倒産直前に発揮された例があります。

1997年に山一證券が自主廃業を決めた際も、山一證券の従業員には直前まで「自分の会社が潰れる」とは思っていなかった人が多数いたという逸話が残っています。

当時、山一證券で働いていた方の手記を読んだことがあるのですが、テレビを点けたら自社の社長が泣いて謝りながら「社員は悪くありません！」と絶叫していて、そこで初めて「うちの会社って潰れるんだ」とわかったと言います。

もちろん、大企業だった山一證券では、会社の情報を社員がマスコミを通じて初めて知るということもあったでしょう。

しかし、それを除いても、じつはそれまでに倒産の予兆はありました。前社長が逮捕されていたり、役員が銀行に支援を求めたり、どんどん人が辞めたりなど、倒産に至る兆候はあったのです。

しかし、それに気づかなかった人たちも多かったそうです。まさに正常性バイアスと考えられるでしょう。

正常性バイアスは「最強のバイアス」とも言えます。ウクライナ侵攻も、津波の被害も、山一證券の倒産もそうですが、気づいたときにはもう遅かったという事例がたくさんあります。

このバイアスへの対策はなかなか難しいのですが、次項とまとめてご提案しますので、対策については次項をご参照ください。

「楽観バイアス」と園児のバス置き去り事故

誰も確認しなかったことで死亡事故に発展

正常性バイアスは災害時など、緊急時に生じるバイアスですが、このようなバイアスは日常的にも生じ得ます。

このバイアスは、自分の将来や身のまわりの環境について「いいことは起き、悪いことは起きない」と楽観視してしまうことですが、これを「楽観バイアス」と言います。

社会心理学者は**「楽観バイアスが災害場面で発揮されると正常性バイアスになる」**と説明しています。つまり両者は、本質的には同じものです。

楽観バイアスも、精神的な安定を求めるために生じます。そのほうが生き残りに有利だからです。たとえば「自分はいつ死ぬのか」と、悲観しながら過ごすより「今日も明日も生きていけるだろう」と思っていたほうが、前向きな行動を取りやすくなります。

とはいえ、楽観バイアスが原因の一つとなって、死亡事故に繋がる事件が起きたと思われる事例もあり、無視はできません。近年で言うと、2022年9月に静岡県で起きています。3歳女児がバスに置き去りにされ、熱中症で死亡してしまった事件です。バスを運転していた園長（当時）ほかの記者会見によると、①乗降車時の人数確認、②複数人での車内点検、③最終的な出欠情報の確認、④登園するはずの園児がいない場合の保護者への連絡のすべてを怠っていたそうです（讀賣新聞2022年9月8日）。

バスにおける子どもの置き去り事故は日本以外でも起きており、日本でも2021年に福岡県で発生し、社会的な問題にもなりました。静岡県での事件は、その後再び起きました。

こういう事件は楽観バイアスが原因になることがあり得ます。

この事例を、楽観バイアスに当てはめて考えてみると、①は「毎回確認しなくても大丈夫だろう」、②については「ほかの人が確認したから大丈夫だろう」となり、③は「出欠情報を確認しなくても大丈夫だろう」で、④も「保護者に連絡しなくても大丈夫だろう」などと、つい楽観的に考えてしまうのです。

報道によると、バスを運転していた元園長や添乗していた職員は、二人とも子どもが残っていないか確認しませんでした。また当時の担任は、女の子が登園していないことに気づいていながら、無断欠席と思い込んでいたそうです。死亡した女の子は、それまで無断欠席を一度もしたことがなかったそうです。

正常性バイアスだけでなく、日常的に起こる楽観バイアスも、重大なケースに繋がることがあり、注意が必要です。

タイタニック、二度目の悲劇もバイアスが原因？

楽観バイアスが影響して、その本人が亡くなったと思われる事故も起きています。2023年6月にアメリカで起きた潜水艇沈没事故です。

これは、1912年4月に北大西洋で沈没した豪華客船「タイタニック」の観覧ツアーをおこなっていた会社の潜水艇が、水圧に耐え切れずに圧潰《あっかい》、乗員・乗客5人全員が亡くなる事故でした。この乗員の一人が、ツアー会社のCEOだったのです。

タイタニックの残骸《ざんがい》は、深海約3800メートルの位置にあります。そこに行くための潜水艇は、その水圧に耐えられる設計にしなくてはいけません。

しかし、BBCニュース（2023年6月22日）によると、タイタニックの観覧を敢行していた会社の元ディレクターが、検査報告書で潜水艇に対する懸念を表明していたそうです。「重大な安全上の懸念を呼ぶ数多くの問題が指摘されていた」とのことで、このディレクターは「潜水艇が極限の深さに達すると、乗客に危険が及ぶ可能性を強調した」のですが、会社から解雇されたとのことです。

事故で死亡した5人の中には同社のCEOも含まれているので、本当に大丈夫だと考えていたのでしょう。これは、楽観バイアスに囚われていたと推測されます。


しかし、当事者たちからすれば予防が非常に難しいものでもあります。何か重大なことが起きてしまった後で、初めて「あれはバイアスだったのか」と気づくこともあるためです。

そのため「楽観バイアスは誰にでも生じ得る」と肝に銘じ、常に自分に問い掛けることが大事です。いざというとき、楽観バイアスがもたらす「大丈夫だろう」は命取りになり得ます。なるべくならば、同じ轍《てつ》を踏まずに役割を全うしたいものです。

楽観バイアス対策に「自信がない状態」からの思考

このバイアスの有効な対策として、一つ考えられるのは「気分が沈んだときに考える」というものです。じつは、鬱《うつ》病の人は楽観バイアスに囚われず、物事を中立的に見ることができます。普通の人のように自己高揚しないからです。

もちろん、だからとって鬱病になるのは、解決としてはお勧めできません。

そこで**お勧めしたい対策法が、ちょっと気分が沈んだときに考えてみるということ**です。いつもよりも自信がない状態なので、自然と楽観バイアスを抑え気味で考えられます。気分がいいときは、情報処理がいい加減になるという研究結果もあります。

よく「気分がいいときに判断したほうがいい」というふうに考えられます。

たしかに、心が疲れているときには大事な意思決定はしないほうがいいでしょう。しかし、楽観バイアスを低減させるために、そこをあえて「少し気分が沈んだときにも考えてみる」というのが、精神的に健康な人が生活の中でできる対策と言えます。

それでも、楽観バイアスから完全に逃れることはできない、ということは忘れないようにしなくてはなりません。

そもそも、楽観的に考えたほうが生き残りやすいという考え方は、間違いではありません。何でも悲観的に考えたら、精神的な不調に至ることだってあり得ます。

とはいえ、**とくに「人の命を預かっている方」は、楽観バイアスには注意**する必要があります。そのような職場であれば、楽観バイアスを抑える方法が手順化されているでしょう。それは過去から続く大事な知恵なので、ぜひそうしてください。

もしそうしなければ「確認しなくても（点検しなくても）大丈夫だろう」と思うことで、次はここで挙げた事例と同じようなことが、身近で発生するかもしれません。

「確証バイアス」による旧ジャニーズ事務所問題

テレビ局が報じなかった理由とは？

２０２３年は、故ジャニー喜多川氏による性加害問題が表面化し、新聞やテレビなどで大々的に報じられた一年となりました。

幾多の男性アイドルを輩出してきた旧ジャニーズ事務所ですが、一方でメディアへの圧力についても噂《うわさ》されていました。これは、ジャニーズ事務所の意向に逆らえば、タレントを引き上げるという圧力です。各テレビ局は自社の検証番組を放映し、事務所への忖度《そんたく》を認めたケースもあります。

また、事務所の元社長であるジャニー喜多川氏による少年たちへの性加害は、喜多川氏の生前から噂されていました。東京高裁が、喜多川氏による性加害は存在したものと認定したこともあります。

そのようなことがあっても大手メディア、とくにテレビ局は、このニュースを取り上げませんでした。

2023年3月のBBCによる特集番組や、元ジャニーズJr.の実名での記者会見など、さまざまな要因が重なり、ようやく事件が報じられるようになりました。

なぜテレビ局は、喜多川氏の性加害について報道しなかったのでしょうか？

その理由として、検証番組の中で挙げられていたものの一つが「男性の性被害に対する認識があまりなかった」という声でした。

つまり「男性に性被害はない」という仮説が頭の中にあり、実際に検証しなかったということです。これは確証バイアスと言えるでしょう。

確証バイアスとは、自分の仮説にあった証拠が無意識に目につくことで、自説は客観的にも証明されていると感じることです。このバイアスに囚われると、自分の考えに合う情報に自然と目が向き、そうでない情報は目につかなくなってしまいます。

この場合「男性に性被害はない」という仮説を確証するようなことが、自然に情報として入ってきていたので、ことの重大性を認識できなかったと考えられます。

アドバイザーがいれば確証バイアスは緩和可能

確証バイアスは日常的に、誰の身にも起こり得ます。

たとえば、A社とB社、どちらかと取引しなくてはいけないとなったとき、もし「A社のほうがいいな」と感じていたら、A社にとって都合のいい情報が目についてしまいます。

ほかにも、家賃収入を生むような不動産を買って、老後に備えたいと考えたら「その物件を買ったほうがいいか、それとも買わないほうがいいか」というような判断が必要になる状況が考えられます。このようなときは、データに基づいて緻密《ちみつ》に考えなくてはなりません。

仮に、このとき「どちらの可能性についても慎重に、平等に考えなくちゃいけない」と考えていながらも、じつは「買いたい」と思っていたとします。

ここで確証バイアスに囚われていた場合、その「買ったほうがいい」という仮説を裏づける情報が、目についてしまうのです。

確証バイアスを避けるには、人のアドバイスを受けるという方法があります。

不動産の例で言うと「自分はこの物件がいいから買いたい」と思っているとします。ローンを組んで買うのであれば、銀行に行って「この物件を買いたいのでお金を貸してください」と申し込むことになるでしょう。

銀行からすれば、お金が回収できなければ困ってしまいます。ですから、判断は慎重になります。その物件の状況や、その地域の競合物件があるかないか、そもそも地域での賃貸の需要が多いのか少ないのかなどを調査し、返済できるだけの家賃が入り続けるかを判断します。

そうすると「どうしても買いたい！」という前のめりな買い主よりも、冷静な判断になるでしょう。つまり**別の立場の人の判断というブレーキがあれば、自分の確証バイアスにストップが掛かる可能性がある**ということです。

もちろん、銀行の担当者も「絶対に貸したい！」と思っていたら、ストップが掛からないかもしれません。ですが、銀行は組織で対応するところですし、万一、貸し倒れがあったら損失が発生するので保守的に判断します。

このように、違う立場の人に判断してもらったり、アドバイスをもらったりすると、確証バイアスはなくせずともストップを掛けてもらえるので、有効な対策になります。

アドバイザーに求める二つの条件

アドバイスを求める人の条件は以下の二つです。

まず「違った立場の人」であることが大事です。できれば、違う組織に所属しているなどして、かつ自分に忖度せずに言ってくれる人が望ましいです。

不動産の例で言えば、クライアントが（最終的に損しても）買いさえすれば手数料で儲かる立場の人や、何でも肯定してくれるイエスマンに相談しても、確証バイアスが修正はされないでしょう。

つまり、**利害が一致し、真剣に考えてくれる人であることも必要**です。自分が損しても関係ないと考えられては、真剣に検討してくれません。

買い主と銀行のように「そのプロジェクトがうまくいかないと共倒れ」という人がベストです。判断してくれる人としていいでしょう。

「現状維持バイアス」と映画会社の倒産劇

人間は変化を避け、少しずつ変わってきた

現生人類が発生したのは、20万年ぐらい前のエチオピア周辺だとされています。長いことアフリカの東側で生活していたようですが、その後、何万年か掛けて少しずつ外側に向かって出ていき、やがてまわりの大陸に広がっていったと考えられています。

当時のエチオピアは草が生い茂り、今のサハラも砂漠ではありませんでした。そうした環境に合わせて、当時の人類もゆっくりと適応していったと思われます。

そもそも、**移動手段も徒歩しかないような状況では、基本的に私たちの環境が短時間で劇的に変化するとは考えにくい**でしょう。

現代のように、高速で動く乗り物がない時代、食べ物や住居などの生活環境を、一気に変えることはできませんでした。

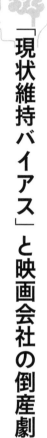

これは現代でも同じことが言えます。親の代にやってうまくいっていたことは、子の代でもだいたいうまくいくのです。

たとえば、親が食べられたものは、好き嫌いやアレルギーなどの問題はあるかもしれませんが、基本的に子どもも孫も食べられます。

つまり、前の世代がおこなってきたことを、そのまま受け継いでやったほうが生き残る可能性が高くなるのです。いきなり未知のものを食べてお腹を下したり、死んだりする危険にさらされることもありません。

人間は20万年前のアフリカ時代から、普段の生活範囲から外に出ていって、知らない猛獣に襲われたり、未発見の谷に落ちたりする経験を積んできたのです。

そうなると、基本的には先代と違ったことはやらない、という行動パターンができたと考えられます。そういうパターンで行動する人たちが生き残り、いわばファーストペンギン的な行動を選んだ人が死んできたと思われます。

つまり、**人間が新たなデータやアイデアよりも既存の状態を好み、変化を避ける傾向にあるのは普通**なのです。

人間の集団は、わずかなイノベーターやアーリーアダプターがいて、それより少し多くの「早めに新しいものを取り入れる人」がいて、多数派はほかの人がやっているのをみて、初めてやってみるという人たちで成り立っています。

このように、新しい行動になかなか取り組まず、既存のやり方を続けるバイアスを現状維持バイアスと言います。

人類が永らく生きてきた環境では、うまくいっているものが一世代ぐらいでいきなりうまくいかなくなることは、非常に稀《まれ》だったのです。

現状維持バイアスの対処法「ムダなことをやる」

しかし、今の社会は違います。チャットGPTをはじめ、生成AIに関する状況はたった数か月でどんどん変わっています。

こうした変化のスピードが格段に速くなった現代で、未だ人間の脳はアフリカ時代のパターンで働いているため、現状維持バイアスがデメリットとして感じられるようになっていると言えます。

現代のビジネスでは「今までそれでうまくいっていたからといって、次もうまくいくとは限らない」ということを肝に銘じる必要がありそうです。

景気がいいときは、ある程度どのようなやり方でもうまくいきます。本来ならビジネスとしてうまくいかない方法でも、うまくいってしまったりするのです。

すると「これでずっとうまくいく。だから変える必要はない」と考え、そのまま現状維持バイアスに囚われると、景気が悪くなっても同じことを続けてしまいます。

その結果、売上が減っていくかもしれません。不況になったときこそ、本当にうまくいく方法とうまくいかない方法が選別されるのです。

たとえば**「ビジネスではムダなことをやるほうがいい」**というような話を聞いたことはありませんか。

私は、この「ムダ」を試行錯誤という意味に捉えています。この「ムダ」をどこまでやるかの加減は、常に難しいです。

そこで、現状維持バイアスに囚われず「ムダ」と思えるものに投資し、試行錯誤したことで、倒産を免れた事例をご紹介します。

東宝や東映が映画不況を乗り切れたワケ

かつて大映という映画会社がありました。

1950年代後半から1960年代前半は、日本映画界の最盛期と言われています。当時の大映は東映や東宝、松竹と並ぶ大会社でした。しかし大映は、その後の映画不況の最中、1971年に倒産してしまいます。

当時の映画界は、テレビの急速な普及などが原因となり、最盛期からの急激な変化に迫られていました。深刻な斜陽に陥ったのは、大映だけではなかったのです。

しかし、東映や東宝などは、業界が好景気に沸いていたころから、自社内の映画製作にだけ投資していたわけではありませんでした。直営の映画館を新設し、洋画の買付部門を強化するなど、別部門にも予算を割いていたのです。

さらには、**多角経営にも乗り出し、レジャー施設やタクシー会社の経営、不動産の運用などのサイドビジネスにも着手**します。これらが、映画不況を乗り切る原動力ともなりました。

一方、大映は自前の映画館をほとんど持っておらず、洋画を買い付けて放映することができませんでした。サイドビジネスもなく、自社内の映画製作一本にこだわり続けます。

景気のいいときは、それでよかったのです。

しかし、そのやり方が通じなくなる不況に陥ると、倒産してしまいました。

現状維持バイアスに囚われないためには「映画会社だけどタクシー会社も経営する」というような試行錯誤も必要かもしれません。

経営者は、直接的には業務に繋がらないようなことでも、調子のいいときにどんどん「ムダ」と思えることに投資して、いざというときに備えるのも必要そうです。

現状維持バイアスに囚われずいろいろ試行錯誤してみることで、次のビジネスの種を育てることにも繋がるのでしょう。

「ハロー効果」が引き起こした かんぽ生命の不正問題

なぜ被害者は簡単に信じてしまったのか？

2018年4月24日、NHKの「クローズアップ現代＋」で、日本郵政傘下のかんぽ生命が、不正契約をおこなっているという報道がされました。

不正の手口は、二重契約や3か月以上の無保険状態、不適切な保険の乗り換えなど、保険を契約していた人が不利益になる契約更新や乗り換えをさせていたのです。

顧客が受けた主な不利益は、新しい保険契約の引き受け謝絶です。旧契約を解約した後、健康状態や病気を理由に新しい保険契約に乗り換えられず、保障を失ったのです。

また乗り換え後、告知義務違反などで契約解除となり、保険金が支払われなかったケースもあります。これらは非常に悪質と判断され、かんぽ生命保険は金融庁より業務停止命令を受け、日本郵政グループ3社のトップが辞任するまでに発展しました。

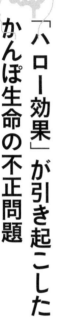

被害にあわれた方々は20万人にも及ぶと言われていますが、なぜこれほど多くの方々が郵便局を信じてしまったのでしょうか？

じつは、かんぽ生命は多くの方々から「元国営で安心」「バブル時代には利回りの高い商品を販売していた」など、好印象を持たれていたそうです（「ダイヤモンドZaiオンライン」2019年11月7日）。これが原因の一つとなり、つい信じてしまった可能性は否定できないでしょう。

このように、**ある対象を評価するとき、その一部の特徴的な印象に引きずられて、全体の評価をしてしまう効果のことをハロー効果**と言います。「halo」は、聖人の頭上などに描かれる後光のことなので、後光効果とも言われます。

「郵便局が言うのだから大丈夫」の落とし穴

かんぽ生命について、バブル期を含む国営時代をよく知っている方からすれば、「郵便局が言うのだから間違いない、すごい商品なのだ」などと判断してしまってもおかしくありません。

もちろん、多くの方がハロー効果に囚われる危険性があります。相手が国の機関や誰もが知る大企業なら、安心してしまうのではないでしょうか。

わかりやすい例を一つ挙げると**「東大出身です」と言われたら、「頭がよさそう」「仕事もできそう」と判断するのが、ハロー効果に影響された判断**です。

そのように見られることがよくあるため、東大出身者は自分の出身大学名を会話の中で「カミングアウト」するか否か、慎重に判断するとも言われます。

若くて東大出身であれば、優秀で馬力があって、いろいろな仕事もどんどんこなしてくれそうな感じもしてくるでしょうか？

そうであれば、そのような人が若くしてリーダーに選ばれることもあるでしょう。何かと世間では関心を集めるため、批判の対象にもなりますが、実際に東大出身者で有能な人は少なくない印象があります。

とはいえ、年齢や経験を重ねなければ、理解できるようにならないこともあります。また、習得に時間が掛かる物事では、どんなに優秀な人でも自分のものにするまで時間が必要です。

ですから、人を導くリーダーになる立場の人を選ぶ際には、キラキラの履歴からもたらされるハロー効果に影響を受けた判断だけでは足りないことがあります。

とくに「自分たちでリーダーを選べる」という状況では、リーダーにふさわしい経験や知恵、あるいは人間関係などの社会的リソースを持っているかどうかを、十分に考えて慎重に考えていきたいものです。

ハロー効果は「ちゃんと確認」で被害を防ごう

ハロー効果の対策としては、肩書きや名前などではなく、取り組んでいる内容や実績を冷静に見分けることです。

今はネットで簡単に調べられることも多いので、安易な即決や鵜呑みにすることは避けて、しっかりと情報を確認しましょう。

これは、誰もがやっているわけではありません。

かつて「NTTのほうから来ました」と、何も関係ない詐欺師がいきなり家庭にやってきて、不正な契約を結ばせるなどしてお金を騙し取るという手口がありました。

ＮＴＴの名前を使った典型的なハロー効果ですが、これには結構騙されてしまいました。

このとき、冷静に「では身分証を見せてください」と切り返せれば、詐欺師を「いや、ＮＴＴの営業所がある方向から来たということで……」などという言い訳とともに退散させることができました。

時代は変わっても、共通して有効な対策もあるのです。

「時間割引」の影響？　損保ジャパンの行政処分

わずか30分で決まった取引再開

中古車販売・買取会社のビッグモーターは業界最大手でしたが、２０２２年８月、修理費水増しによる保険金不正請求と、その不正事実を知りながらも一部の損害保険会社が取引をおこなっていると報道されました（「東洋経済オンライン」２０２２年8月29日）。

翌年には、この件に関する報道が本格化し、メディアからの強烈な批判を浴びたビッグモーターは、２０２３年7月に記者会見をおこないました。創業者の社長や息子の副社長が辞任し、会社も行政処分を受けました。

この事件で、同様に社長が辞任を発表し、行政処分を受けたのが損保ジャパンです。

損保ジャパンは、社長が不正の可能性を認識しながら、それまで中断していたビッグモーターとの取引を再開するなど、不適切な対応を取っていました。

じつは2021年、ビッグモーターから損害保険会社の業界団体へ、不正の内部告発がおこなわれています。これを受けて2022年、損保ジャパン、東京海上、三井住友海上の大手3社が調査した結果、水増し請求が疑われたため、ビッグモーターに自主的な調査を求めましたが、納得できる回答を得られませんでした。

このとき、東京海上と三井住友海上はビッグモーターに再調査を依頼した一方で、損保ジャパンは同年7月にビッグモーターへの紹介を再開しました。これを主導したのが損保ジャパンの社長だったのです。

損保ジャパンがビッグモーターと取引を再開した翌月には、早くもこの件が報道されています。このような中、東京海上と三井住友海上は取引を再開していません。

なぜ、損保ジャパンだけが取引を再開したのでしょうか？

讀賣新聞（2023年10月11日）によると、社外弁護士の調査委員会は「競合他社に取引を奪われかねないという『視野に乏しい対抗心』」などを理由に挙げています。その決定は、社長の提案で即決まり、会議はわずか30分だったそうです。

これは対抗心もあると思いますが、バイアスもあるのではないでしょうか。

会議の参加メンバーには、少なからずリスクに思い至った人がいたでしょう。それなのに、将来的に会社がピンチに陥る可能性よりも、目の前の利益に飛びついてしまう……。**これが時間割引です。すぐにもらえる報酬ほど価値を大きく感じて、もらえる時間が遅くなるほど、徐々に価値が減少していくように感じるのです。**

損保ジャパンの例でいうと「今すぐ取引を再開すれば確実に儲かる」という方向に傾いてしまい、将来的なリスクを小さく評価したわけです。

「即決を控える」だけでも十分な効果がある

時間割引を簡単に言うと「目の前にある利益をパッと取ってしまう」ことです。ただし、このバイアスも、自然状態で生きていれば非常に役立つ行為です。目の前に獲物があったとして、明日になってもまだ獲物があるかどうかはわかりません。まずは目の前にあるものを獲得していったほうが、生存していく上で有利です。

目の前の誘惑に衝動的に飛びつきがちなのは、人が時間割引に囚われやすいからです。

たとえば、**不要なものを衝動買いしてしまうという場合**です。もちろん、それが水や食料など、自分の生活に必要なものに対してであれば、時間割引はむしろ有益かもしれません。発揮のしどころによりけりということです。

このような影響を考えると、即決は危険です。

損保ジャパンは30分の会議で決めたとのことですが、会社存亡の危機で即決が必要な場面ならともかく、法令違反疑惑のある取引先と再度取引すべきかという重大事項については、1週間ぐらいじっくり時間を取り、反対する役員がいるならその意見も聞いて集団意思決定しても、問題なかったのかもしれません。

即決=決断力がある、とは限らない

現代では、タイパ（タイムパフォーマンス）のよさが重視されます。リーダーが即断即決すると、まるで非常に決断力のあるリーダーのように見えるでしょう。

しかし「決めるのが早い＝決断力がある」とは限りません。この二つは混同されがちですが、決断が早いのは、決断力における一面です。これを先ほどの報告書では「対抗心」と表現したのかもしれません。

たしかに、リーダーが即決していると有能に見えますが、それが質の低い意思決定にならないように気をつけなくてはなりません。理性的に、慎重に考えることも、決断力の一つです。

リーダーが早く決めることは、はたして本当にいいことなのでしょうか？　**とくに社長の決定は、会社の決定になります。大きな会社の社長は、ＰＤＣＡを素早く回転させて現場を回す必要はないので、じっくり決断することも重要な価値と考えてみることもできます。**

決断力の高さを、スピードだけに求めることのないよう、時間割引に注意したいものです。

「数式効果」に見るビッグモーターの不祥事

不正行為の始まりは無茶なノルマ設定から

ビッグモーターは保険金の不正請求以外に、メディアから批判されている点があります。その一つが、従業員に対するノルマです。

事故車両の修理による収益として、工場に1台当たり14万円前後のノルマを課していたと報道されています。目標が未達の場合は問い詰められ、それに耐えかねて損傷があると見せかける写真を撮り、修理代を水増しする不正行為が始まったとのことです（共同通信2023年7月17日）。

自動車1台の修理にノルマを設定しても、社員のがんばりでは修理の金額を増やすのは困難です。**しかし、数字や数式で示されると、それが合理的でない場合でも、一見それが正しいように見えることがあります。これが「ナンセンスな数式効果」です。**

ビッグモーターの事例は不合理さに気づけるかもしれませんが、なかなか見抜けないこともあります。数式で表されていると、その内容が理にかなっていなくても、人は「そういう理屈があるのか」と妙に納得し、従わねばと思ってしまうのです。

つまり、数字には必要以上に「すごい！」と思わせる効果があるのです。

対策①作れる数字と作れない数字の違いを理解する

ビジネスでは、よく「数字が大事」と言われます。実際、財務の数字なしに判断することは至難です。しかし、目の前の数字を鵜呑みにすることは危険です。それは「自分たちに都合のいい数字は、いくらでも作れる」という側面があるからです。

これは、財務やビジネスの動向を表す数字は、事態の「解釈」によって変わることがあるからです。

しかし、すべての数字がそうしてできていると考えていると、「数字というのは捏造されるものだ」という誤った考えを身につけてしまいます。

数字には、いわば解釈と言えるような、作れる数字と、客観的な測定やものの性質に基づいていて、変えられない数字があります。客観的な数字とは、来店客数、一定期間の入金額などです。

ビジネス以外の分野でいうと、たとえば研究のための実験の参加者が課題をおこなうのに掛かった時間や、反応時間などです。質問紙への回答も、測定の結果であり、回答者以外が変更することはできません。こういった数字を事実と違うように報告すれば、それは捏造です。

それに対して、解釈と言えるような数字は、不動産の評価額、貸借対照表の資産の金額などです。これは、たとえば不動産というものがあって、その価値をどう解釈するかという話になります。

資産であれば、貸借対照表の資産の欄に書かれたものを、いくらと評価するかという話で、評価する人によっていろいろということになります。たとえば、不動産であれば可能な限り客観的な数字を出すとしても、なかなか難しく、そのための専門家が必要とされます。

さらに、事実によらない数字もあります。それは、今後5年間の売上推移や、投資商品の今後のパフォーマンスなどです。

これは、未来の数字なので事実に基づくことができず、常に予想になります。そのため、本質的に作る必要があります。なるべく信憑性を持たせるために、過去の実績をもとにしますが、それは私たちが過去の経験によって説得されることが多いからです。

解釈と言えるような数字と、未来の数字は、「いくらでも作る」ことができます。物事の解釈によって変わったり、本来的に不確定な未来について語るときの数字だからです。

それに対して、変えられない数字を変えると捏造になります。飲食店で来店客数を少なく申告したり、流通業で棚卸資産を少なく報告すれば脱税と言われてしまいます。作れる数字と、変えられない数字を混同してはいけません。

売上は、単純化すると商品の単価×数量で計算されるので、単価を変えられなければ販売数量という客観的な数字で決まります。販売された数量は本来、事実を離れて変えられない数字です。そのため、どうしても売上を増やしたい場合は、いろいろな方法で売ったことにします。

これも「数字を作る」と言われますが、実際には数字を作っているわけではありません。経済合理性に基づかない行動を、通常の経済活動（販売）のように見せかけて、その数量を数えることです。

このように、本来的に作れる数字と変えられない数字の違いを知っていれば、1件ごとの修理金額という、本来は変えられない数字（社員にはコントロールできない、車の損傷の程度と、車のオーナーの意向で決まる、どの程度まで修理するかでおおよそ決まる）にノルマを設定することに無理があることがわかります。

このように考えておくと、ナンセンスな数式効果を緩和するために、一歩立ち止まって考えるときに有意義と思われます。

対策②金額の数字ではなく、自分で価値を見定める

お金には、価値尺度機能があります。つまり、この世のさまざまなものの価値を測る目安となるのです。お金に換算した数値が高ければ価値が大きく、お金に換算した数値が小さければ価値が小さい、このように考えられます。

金額にすれば、数値一つ、つまり一次元です。価値と価値の比較も簡単です。四則演算もできてしまいます。

お金は、交換するときに使用します。つまり、他者と交換する際、とくに市場で交換する際にどのくらいの価値として交換されるか、それを表しているのがお金で測られた価値（価格）と言えます。

しかし、言うまでもなく、価値とは交換価値だけではありません。モノの価値は、たとえば、食べられる、着られる、乗れる、自分が変わるといった機能や、嬉しくなるといったそれ自体によって幸せになることなど、自分が感じるものでもあります。

もし、モノの価値が交換価値だけであれば、ほかの誰もが欲しがらないものにはまったく価値がないということになります。

たとえば、あなたの小さなころの写真は、誰もお金を出して欲しがらなければ価値ゼロでしょうか？

いいえ、あなた自身の感じる価値があります。

ほかの例として、本が1500円で売られているとします。そして、都会で贅沢な夕食をレストランで食べたら3万円したとします。ということは、本に書かれている「コンテンツ」は、1回の食事の20分の1の価値しかないということでしょうか。

実際にそのような考えで、本に書かれている知識や知恵の価値が軽んじられることもあります。しかし、そもそも、食事という体験と、本に書かれた知識や知恵の価値を比べようとすることがナンセンスと言えます。

1500円の本には大した価値はないという考え方には、本に書かれている知識と、まったく性質の異なる世にあるさまざまなものの価値は、比較可能でそれは金額であるという思想が背景にあります。

これは、ものの価値を自分で直接感じて理解しようとせず、お金の尺度によって代替しようとする考え方です。このような考え方に深く囚われていると、ナンセンスな数式効果にもまた、囚われやすくなるでしょう。

非常に価値のあることを、英語でpricelessということがあります。文字通りに言えば、価格がないということですが、価格がないなら価値はゼロなのでしょうか？

いいえ、そうではなく、価格がつけられない、貨幣で測れる以外の価値が非常に高いということを示す言葉です。

それだけ、我々の思考において、お金の占める部分が大きいということでもありますが、本当の価値は、自分で見定める必要があることを思い出させてくれる言葉です。

このようにして、金額換算された数字だけを価値と考えず、この世にあるさまざまなものにある価値を、自分なりに感じて判断することが、ナンセンスな数式効果に対する対策の一つになるでしょう。

「錯誤相関」が外国人実習生の失踪問題を複雑化させる

外国人はすぐサボる？

２０２３年、ＮＨＫで「外国人技能実習生の失踪が相次いでいる」と報じられました。

これは、外国人が働きながら技能を学べるという制度なのですが（最長で5年間）、出入国在留管理庁によると、２０２２年は過去２番目に多い９００６人の技能実習生が失踪したそうです（同年10月18日）。

原因としては「違法な低賃金で長時間労働を強いられる」などが挙げられていました。しかし、ネットの議論の中では「外国人はすぐサボる、音を上げる」という偏見が示されることもありました。

こういった偏見ができるには、錯誤相関の影響があると考えられます。これは目立つもの同士が結びつき、実際以上に関連していると思い込んでしまうことです。

つまり「日本人」「外国人」×「サボる人」「サボらない人」というカテゴリーの組み合わせの中では、少数派同士の「外国人」×「サボる人」の組み合わせがどうしても目立ちます。

そうすると実際以上に、「外国人」と「サボる人」が結びついている、というふうに見えてしまうのです。

確証バイアスに発展する危険性

この少数派同士の組み合わせである「最も目立つパターン」が、実際よりもたくさんいると思ってしまうのが錯誤相関です。**錯誤相関の次には、今度は確証バイアスが出てきます。**

つまり、一度少数派同士の結びつきがあると認識して、それが自分の中の仮説となると、次はそれに合った事実が無意識に目に留まります。すると、最初の少数派同士の結びつきは正しいのだと感じられるようになるのです。

日本における少数派である外国人と、働く人の中での少数派であるサボる人。錯誤相関によって、この二つが結びつくと、自分の中の仮説になります。

そのようにして仮説ができると、たとえばネットの書き込みを見たり、テレビニュースを見たりしたときに「外国人はサボる」という仮説に合った情報が、自然と目に留まるようになるのです。

その結果、意識的・無意識的に持っていたその仮説が証明され、正しいものであるように感じられるようになります。

このように、錯誤相関をもとにした認識が仮説となり、さらに確証バイアスによって強化・維持されていって、偏見になってしまうこともあり得るのです。

「数える、調べる、比べる」を怠らずにおこなう

錯誤相関の対策としては「外国人」×「サボる人」のように、少数派同士が関連すると思ったときに「あ、これって錯誤相関かな?」と疑ってみることです。

「やっぱり外国人はすぐサボる」と思ったら、冷静に「本当に数を数えたの?」と自問

してみましょう。

日本で働いている外国人は大勢いますが「サボる日本人」「サボらない日本人」「サボる外国人」「サボらない外国人」と四つのカテゴリーをすべて数えて比較したのかというと、なかなかそこまではできません。

少なくとも、サボる日本人の割合とサボる外国人の割合を比較してみないと、このようなことは言えません。

このように錯誤相関を防ぐには、きちんと数える、調べる、比べることが必須です。決めつけはバイアスからきているかもしれません。

第一報に接したとき、とっさに「やっぱり外国人は……」と思わずに、その後はきちんと確認、検証できるとよいでしょう。

「同調バイアス」とレオパレス21の違法建築

法令軽視を認識させた社長のイメージ

アパートの建築請負・賃貸で知られるレオパレス21は、２０１８年に違法建築問題が発覚しました。やがて、創業家出身の社長が引責辞任する事態にまで発展します。

レオパレス21側は翌年、建築基準法違反などの疑いがあるアパートが、最大で１３００棟も見つかったと発表しています。遮音性の基準を満たさない部材を使っていたり、仕様と異なる防火構造の部材を使っていたりしたそうです。

２０１８年5月にも「界壁」と呼ばれる部材が未設置だった問題が発覚したのですが、さらに施工不良の物件数が拡大しました（日本経済新聞２０１９年2月7日）。

なぜ、これほどまでの違法建築が横行したのでしょうか？

第三者委員会の報告によると、その根本的な要因を三つ挙げています。法令順守を軽視して利益を優先した点、経営陣のワンマン体制、そして法令順守や品質問題などに対する当事者意識の欠如です。

同調査によると、当時の社長が法令順守を軽視するイメージが定着していたことが、従業員が法令軽視を正当化する要因となっていたことが指摘されていました。ただし、社長が意図的に違法行為を指示した事実までは認められなかったそうです。

これは、会社が全体的に、同調バイアス（同調性バイアス）に陥っていた可能性があります。**同調バイアスとは何かを簡単に言うと、同じ集団のメンバーの中にいる人たちと、自分も同じ行動を取ってしまうことです。**

世間では「同調圧力」という言葉が聞かれますが、レオパレス21の場合、社長が直接的に指示を出した事実までは認められていません。ということは、明確にある行動を取るような心理的圧力が掛けられたということはなさそうです。

同調は、ある行為に対して、まわりの人が是認したり否認したりすることで起きます。是認とは、にっこりしたり賞賛したりして、よい行動だというメッセージを発することです。否認はその反対で、眉をひそめたり非難したりすることです。

まわりの人が複数、是認したり否認したりする。そのことで、どのような行動を取るか直接指示されなくても、なんとなく取らないといけない行動を示されている感じがする。それがいわゆる「同調圧力」という言葉で表現されることでしょう。

それに対して同調バイアスは、はっきりまわりの人が、自分の行動に対して是認や否認をしているわけでもないのに、まわりの人と同じ行動を取ってしまうことです。

人間は、そのような傾向を持つことで集団の一員として生き延びてきたので、私たちに組み込まれた仕組みの一つと言えます。

調査結果は「社長が法令順守を軽視するイメージが定着していたこと」を法令軽視の要因として挙げていました。

すると、**多くの従業員が「うちの社長は法令順守を重視しない」と考えていたとすると、「社長はそういう考えなのだから、うちの会社の人は法令を軽視するだろう」という感覚を持っていた**ことが考えられます。

頭の中で考えていた「うちの会社の人は法令を軽視する」という考えに基づいて、法令軽視の行動を実際に取る従業員が現れると、やがてそれが同調バイアスによって、組織の中に広がっていったと考えられます。

このような仕組みで広がっていった場合、従業員はほかの従業員の行動に対して、意識的に是認や否認をしていなくても、法令軽視の行動が広がっていくでしょう。

ほかの人の行動に合わせるという傾向が、悪い方向に発揮された例と考えられます。誰かが明確に指示したわけでもなく、誰かが行動を非難したわけでもない。それでも、法令軽視の行動が広がっていくのです。

意識的に「メタ認知」を得ていく

基本的に、同調バイアスを完全に防ぐことはできないでしょう。そもそも人間は、そうやって集団の中で生きてきたからです。

人間は、ほかの人と同じ行動をすることで、ある程度の規模の集団を作って発展してきたという歴史があります。みんなで移動しながら狩りをおこない、危険な猛獣には集団で立ち向かって、誰か一人が食べ物を見つけたらわける……。このような小規模集団を維持するには、ほかの人と同じ行動をすることは必要なのです。

ただ、この影響が悪く出ていることに関しては、やはり意識的に振り返ることが大事です。たとえば、いじめは同調バイアスが原因で拡大してしまう危険性があります。同調バイアスが、こういう環境下で発生するということを知った後は、自分は一歩引いて、メタ認知を意識しましょう。

メタ認知とは「自分の認知（考える・感じる・記憶する・判断するなど）について認知すること、つまり自分の思考や判断、感覚がどのようにおこなわれているかを認知すること」です。

メタ認知については第5章で詳細にお話ししますが、なかなか当事者になると難しいものがあるので、少し離れた客観的な立場に自分の身を離したり、第三者に自分の認知について意見を訊いてみましょう。

メタ認知が同調バイアスを防ぐ鍵になる

会社で言えば、こうした同調バイアスには新鮮な目を持った新入社員のほうが先に気づくでしょう。逆にどっぷり浸かっていると、だんだん鈍感になって気づかなくなります。

なぜなら人間は、あらゆる刺激に慣れていくからです。一方、組織からすれば、早く自分たちの考え方ややり方に慣れてほしいと感じます。

リーダーであれば、おそらく一度はそのような要求を、新人メンバーにしたことがあるのではないでしょうか。

今はリーダーとして活躍する方も、新入社員のころは「この会社、ここが変だな」と思ったことがあるかもしれません。

新人メンバーに少しでも戸惑いが見えたときは、会社のあり方を見直すチャンスです。場合によっては新入社員と雑談するなどして、新鮮な目で見たときの違和感を思い出し、書き残すなりして、大事にしておくことをお勧めします。

このような対応が、同調バイアスの拡大を広げずに済む一助になるでしょう。

「信念バイアス」と神戸製鋼所のデータ改竄問題

「結果がよければ過程もＯＫ」という業界がある？

ビジネスでは結果が大事だとよく言われますが、その結果がダメだと、それまでの過程もすべて否定してしまいがちです。がんばった人たちの努力や工夫など、よかったところまで見えなくなります。これは信念バイアスの悪影響と言えるでしょう。

信念バイアスとは「結果が正しければ過程もすべて正しい」と思い「結果が間違っていれば過程もすべて間違っている」と認識することです。

２０１７年10月８日、鉄鋼メーカー最大手の神戸製鋼所で、アルミ・銅製品などの検査データが改竄《かいざん》されていたことが明らかになりました。翌年７月、神戸製鋼所は不正競争防止法違反（虚偽表示）の罪で法人として起訴されます。２０１９年３月には裁判所より、１億円の罰金を言い渡されました（朝日新聞２０１９年３月13日）。

この中で問題視されたのが「トクサイ（特別採用）」という商慣習です。これは要求に満たない品質の製品を、取引先の許可を得た上で納入する仕組みです。「規定に合わない」と不合格と判定された物品でも、必ずしも使い物にならないわけではありません。それを救済する慣習と言えます。

神戸製鋼所は、このトクサイをおこなうときに取引先に了解を得ず、契約内容に合うように数値を改竄していたことが発覚したので問題となったのです。

トクサイという慣習は、事前の合意に達しない内容でも、改めて両者で合意すれば、それを契約の履行と認めるというものと考えられます。それは、契約という観点からすると、合意が成立しているので問題ありません。ただ、その合意が成立してできあがる製品が、必要な品質を満たさなくなるおそれがでてきます。

元の契約では、もちろん必要な品質を満たす製品を作ることが目的とされていたでしょう。しかし、両者で合意が成立し、製品が無事に製造され、出荷後も事故を起こさない……ということであれば、コストを払って作り直すよりもよい結果であった、と言えるでしょう。

ただ、そのように、結果がよければ、そこまでのやり方自体も全部よかった、と考えることには、信念バイアスの影響があったと言えそうです。

２００７年、不二家が消費期限切れの牛乳原料を使ったことが原因で、世間から猛烈なバッシングを受けたことがあります。別に、不二家の商品が食中毒を出したわけではありません。社内規定から過ぎた牛乳を使った疑惑が浮上しただけです。しかし小売店は、不二家の製品を一斉に撤去しました（「日経ビジネス」２０１８年1月10日）。

これは、消費者に近い立場の人たちが、不二家の過程を問題視したことで起きたことです。もし「結果的にＯＫだったんだから過程もＯＫ」としていたら、大変なことになっていたかもしれません。結果と過程は別に考えるべきなのです。

結果と過程は別物だと理解しよう

神戸製鋼所は、自分たちの納品に対して、それが正しいと言うためにデータを改竄していました。その数値を見せられた人からすれば、それが正しいと思ってしまいます。結果的に事故は起きていなかったですし、合理的とも言えます。

しかし、事故が起きてからでは遅いのです。

事故が起きる可能性は高くはないでしょう。そのため、多くの場合、コストがカットでき、もったいない廃棄が生じず、無事に製品が出荷され、とくに事故も起きないということになります。

これは、結果よければすべてよし、ということです。

ビジネスでは、結果を出すことが常に厳しく求められます。それは、ビジネスが現実を作る・現実を変える活動であることによる必然とも言えます。そして、結果は数字で表されます。

その数字を達成することを重視しすぎると、過程にじつはまずいことが生じていても、それを解消することが先延ばしや後回しになる可能性が出てくるのです。

まずいことが十分に大きくなって、まずい結果として表れたり、バレたりすることで初めて、信念バイアスが打ち破られる、過程が悪かったことがはっきり示されます。

信念バイアスは誰もが陥る可能性がありますが、ここに至る前に過程を精査して改善できれば、傷は浅くて済むことになります。

これを防ぐには、**やはり結果と過程は別だということを、しっかり把握することが大事**です。

たとえば、正しくない意思決定でも、よい結果になってしまうことはあります。間違ったプロセスなのに、なぜか利益が出てしまうことはあります。あるいは逆に、十分な意思決定をしたとしても、予想外にも結果が出ないこともあります。

そんなときに「別に手間暇を掛けて決定する必要なかった」と考えるのは、結果と過程を混同しています。

決定とプロセスは別物であり、プロセスも大事にしていきましょう。

「プロセスも大事」の本当の意味

ただ、ビジネスの世界で「プロセスも大事だ」というと、誤解されることもあります。

しかし、「プロセスも大事」というのは「がんばったのだから、目標未達の人も目標を達成した人と同じ評価をすべき」という意味ではありません。

この場合プロセスを重要視するというのは、手続も正しくあろうという考えのことです。

刑事裁判では、手続的正義という考え方がありますが、裁判では結果だけではなく、過程そのものも正しいと認められるものでなければならないという考え方です。

裁判で、有罪か無罪の判断が適切だったとしても、あるいは有罪なら刑罰が適切なものだったとしても、途中のやり方がダメだったらダメということなのです。

たとえば、殺人犯を逮捕し、犯行について冤罪《えんざい》の疑いもなく、懲役15年の判決が正しかったとします。

それでも、捜査の途中で違法な捜査をしていたり、裁判官が被告人の話を聞かずに決めたら、プロセスとしては正しくないから認められないということです。

「別にそれでも犯人には間違いないし、判決も妥当ならばよい」という考え方もあるかもしれません。

しかし、法律に反する方法で証拠を集めたり、裁判で一言も弁明できなかったりというのは、やはり手続として正しい形ではありません。

プロセスも法令を守って正しくおこなう、というのが手続的正義の考え方です。ですから「プロセスも大事」なのです。

これは裁判に限らず、ビジネスでも同じ考えを取り入れられます。

プロセスと結果は別であり、また両方ともよい必要があるというのは、そのような意味です。

第3章

身近に潜む組織に悪影響な20のバイアス

「貢献度の過大視」はメンバー間の不協和を起こす

各自のタスクを可視化していこう

この章では、倒産や企業不祥事に発展するほどではないかもしれませんが、組織内をギスギスさせるバイアスをご紹介していきましょう。

まずは**「貢献度の過大視」**です。**これは「自分ばかりがんばっている（みんなはあまりがんばっていない）」というもので、リーダーに限らずメンバーも陥りがち**です。

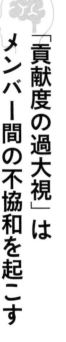

会社に限らず、大学生のサークルでもよく起きます。何かイベントをやって成功したときに「自分だけがんばった。みんな動いてくれなかったけれど、なんとかイベントは成功した。これは自分ががんばったから」という反応が少なからず起きます。

学生サークルであればケンカくらいで済みますが、会社だと評価に関わってくるので、場合によっては笑い話では済みません。とくに、チームで目標を達成するという組織では、メンバーがこのバイアスに陥っていたら気をつけなければいけません。

貢献度の過大視は、自分がすごく貢献したという気持ちがあるときに、正確にどれぐらい貢献したのかを数えてみることが対策に繋がります。

数えられない仕事の場合は、そこに関わったほかの人たちの意見も聞いて、総合的に判断するのがよいでしょう。リーダーであれば、ミーティングの機会を効果的に使ってみましょう。自分にもメンバーにも有効です。

自分は自分の行動をすべて見ていますから、自分がこれやったということはわかるのですが、ほかの人がやっている部分はなかなか見えません。

すると、自分の見ているものの範囲内でしか物事を把握できないので、「自分はがんばっているけれど、ほかの人はやっていない！」という考えになりやすくなります。

逆に言えば**「ほかの人は自分が見えていないところでも、何かやっているのかもしれない」と考えることが、そこまで極端な貢献度の過大視の対策になる**でしょう。

たとえば、夫婦間の家事分担であれば「家事シール」制度で可視化するというのはいかがでしょうか。

自分が家事をしたらそれぞれシールを貼っていくと、お互いが驚くほど相手の貢献が見えていないことがわかります。

相手から「あなたは本当に家事をしない！」と責められるとき、じつは見えていないだけで、きちんと家事をしていることがあります。

いろいろな家事が、すべて片づいているとき、相手がやっていたとしても、なかなかすべて気づくことはできないものです。そうなったとき、目の前でやらないと「あなたは何もやっていない！」というふうに判断されてしまいます。

こういう場合では「家事シール」のように、可視化することである程度は防げるでしょう。

単純な取り組みですが、ビジネスにも応用できると思います。

「エンダウメント・エフェクト」の影響を防ぐ

利益は必ず数字化すること

エンダウメント・エフェクト（Endowment Effect）というバイアスの一種があります。日本語では「授かり効果」とも言いますが、**自分の手の中にあるもの、自分の支配領域の中にあるものを、そうでないものに比べて価値が高いというふうに感じるバイアス**です。

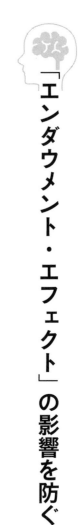

第2章で損保ジャパンの事例を紹介しましたが、ビッグモーターとの取引再開について決めた背景には、このエンダウメント・エフェクトの影響もあるかもしれません。すでに取引先から得られる利益は、手の内にあるように感じたのでしょう。

個人でいうと、株取引の初心者は「利食いが早くて損切りが遅い」と言われます。利が伸びてきたときは、そのまま伸ばさないといけないのに、ある程度伸びてきたら、すぐ利食いしてしまうのは、手元の利益を重視するエンダウメント・エフェクトと損失回避の傾向の影響でしょう。

エンダウメント・エフェクトを避けるには、仕組みを利用するのも一つの手です。

市場取引の場合は、どこまで伸びたり下がったりするかがわかりませんが、対応は可能です。

トレーリングストップというもので、指定したストップレートと市場価格の差を維持しながら、自動的にストップレートを更新する機能です。これにより、損失を限定しつつ利益を最大化することができます。

実際にこれで毎回勝てるかはわかりませんが、ここで得られる教訓は、自分で判断するとバイアスに陥るときは、そうならないような機械的な仕組みを作ってそれに任せてしまうのも一つの方法ということです。

面白味はないかもしれませんが、自分でずっとチャートに張りつくよりも、精神的に落ち着いていられると思います。

企業経営の場合は、数字にして可視化していくことがこれにあたります。

手元にある利益も得られそうな利益も数字化することが大事です。ただし後者は不確定だと思うので、期待値を求めることになります。得られそうな金額と得られる確率を求めて掛け算するのが統計上の期待値ですが、実務では前期からの予測や前年同月の実績からの予測になるかもしれません。

「アンカリング効果」による数字に惑わされない

知っているだけでも結構な抑止力になる！

値段がいくらかわからない商品が気になったので、店員さんに聞いたら「5万円」と言われました。すると、この5万円が判断基準になり、それより高いか安いかという形でしか意思決定できないということが起こります。

これがアンカリング効果です。初めて認識した数字がアンカーとなって絶大な影響を及ぼすのです。

あるいは、刑事裁判での検察官による求刑も同じです。

検察官が「……以上、総合的に勘案し、相当法条を適用の上、被告人を懲役15年に処するのが相当であると考えます」というふうに言われると、聞いている人は15年より長いか短いかでしか考えられなくなります。

いきなり「懲役3年くらいだろう」とは思えなくなるのです。

このバイアスは、相場があるような業界ほど強い効果があります。

たとえば出版業界では、第1章でもお話ししたように印税10%がアンカーとなっています。また**本の値段は単行本では1500円前後と一般に思われていますが、これもアンカー**です。

しかし、私がお世話になっている出版社から出る学術書は、4000円から1万円ぐらいします。これは「本は1500円くらいのもの」と思っている普通の感覚からしたら、本の値段としては信じられないくらい高額という水準でしょう。

このアンカーの数字は、キリがいいとより強く効果が出ます。0や5といったキリのいい数字のインパクトはより大きいのです。

業界で慣習的なアンカーになっている数字のキリがよければ、その効果は大きいでしょう。

アンカリング効果を乗り越えるのは、かなり難しい話です。**ただし「こういうバイアスがあるのだ」ということを知るだけでも、ある程度の抑止力になります。**

たとえば、アメリカの裁判ですが、最終的な評決が出される前に、弁護士が陪審員に向かって「こういうバイアスに陥らないようにしてください」ということを、事前にあれこれ言っていたら、アンカリング効果が緩和されたという実験結果があります。

あるいは、報酬を与えるというのも効果があります。「アンカリングに惑わされず、正しい意思決定をおこなった最初の方に報酬を出します」というような実験をおこなったそうです。それだけでもアンカーを修正する効果が見られました。

さすがに報酬まではやりすぎかもしれませんが、**リーダーは、まず自分がアンカリング効果の影響を受けているのを忘れないことが大事**です。そしてメンバーにも、何か大事なことを決める際には、アンカリング効果の影響があることを伝えるとよいでしょう。

「妥当性の錯覚」で過信に繋がる

心に「イカロスの父親」を持て

自分の予測に対して過剰に自信を持ち、「当たっているだろう」と思うことはよくあることです。

実際にはそれほど当てにならない自分の予測に対して、過度の自信を持つというバイアスで、これを「妥当性の錯覚」と言います。

たとえば、仮説を立てて行動するときに、その仮説が外れた場合は切り替えられればいいのですが、仮説を過信し、固執してしまう危険性もあります。自説が当たっている確率を、客観的に考えられなくなるのです。

これで失敗した有名なお話があります。

幼稚園や小学校のころに「勇気一つを友にして」を歌った覚えのある方は多いでしょう。有名なギリシャ神話の一節をもとにした楽曲です。

これは、蝋《ろう》で固めた翼で空を自由自在に飛んでいたイカロスが、やがて自らの力を過信し、どこまで飛べると思って太陽に近づいたら、蝋が溶けて翼は散り、海に落ちて死んでしまったという話です。やはり、自説の妥当性を検証することは大事なのです。

シンプルな対策としては、誰かに相談して意見を聞くことです。その誰かは、自分の考えに何でも「Ｙｅｓ」と言ってくれる人よりは、冷静に是々非々で意見を言ってくれる人がよいでしょう。

楽曲の歌詞では触れていませんが、じつはイカロスも、自分の父親から「高く飛ぶと太陽の熱で蝋が溶けてしまう」という忠告を受けていました。これを聞き入れていれば失墜せずに済んだのです。

リーダーは、このイカロスの父親のように、きちんと自分に忠告してくれる人を身近に持ち、必要に応じて聞き入れる姿勢が必要になります。

ワンマン社長と、それを囲むイエスマンたちの危険性については、第２章でも触れてきました。

損保ジャパンも、ビッグモーターも、レオパレス21も、最終的には会議の形を採っていたはずなので、そこで「社長、お言葉ですが」と言える部下がいたら、その忠告を社長が聞き入れていたら、結果は違っていたかもしれません。

本人からすれば「自分の仮説は意外と当たっていない」という話ですが、自分への忠告を受けたら、リーダーはイカロスの父親の話を思い出しましょう。

「ギャンブラーの誤謬」と「ホットハンドの錯覚」

感覚的ではなく、確率的に考えよう

「妥当性の錯覚」と同じく、予測に関するバイアスをもう一つご紹介します。

たとえばコイントスをやって、4回連続で「表」が出たとします。5回目のとき「そろそろ裏が出るはず」と思って賭けたら外してしまった……などというご経験はありませんか？

このように、**ある事象の発生頻度が、非常に少ない数の試行でも必ず理論通りになるはずだと考えてしまうバイアスを「ギャンブラーの誤謬」**と言います。

コイントスは確率が2分の1なので、5回や10回という短い試行のあいだでも、半分くらいが表、残り半分くらいが裏になると考えるのです。

この対策はシンプルで、確率の理論通りになるのは、非常にたくさんの試行を繰り返

したとき、つまり何千回・何万回とやったときだと知ることで、ある程度は回避できます。

先ほどのコイントスの事例で言えば、たまたま「表」が4回連続で出ることは、少ない試行回数では十分あり得ます。コイントスはいつだって確率は50％なのですが、非常に短い試行回数のあいだには、たまたま結果が偏って出るということもあるのです。

確率に関するバイアスで、もう一つ気をつけるべきなのが「ホットハンドの錯覚」です。とくに体育会系のリーダーに、関わるものかもしれません。

たとえば、バスケットボールの試合を観ていて、ある選手がスリーポイントシュートを何本も連続で決めたとします。

そのときに「今、彼の手は温まっているから、またシュートを決めるだろう」と考えるのが「ホットハンドの錯覚」です。

「ホットハンド」は、アメリカのバスケット用語なので、日本的にいうと「彼は今調子がいい」「波に乗っている」という感じでしょうか。「ホットハンド」のように、あるいは「波に乗る」ように、選手の調子がよいと次々とシュートが決まると言えるかどうか、調べた研究があります。

バスケットボールの試合のビデオを分析したところ、選手は、おおよそ50%の確率でシュートを決めていました。このとき、試合中に一度シュートを決めた選手は、連続してシュートを決める確率が高いかどうかを計算したのです。その結果、シュートが連続した場合に決まりやすいという結果は得られませんでした。

これが意味するのは**「確率的には何本か連続でシュートが決まった後は、さらなるシュートが決まりやすいという事実はなくとも、人間はそのように感じてしまう」**ということです。

ただ、50%くらいの確率でシュートが決まるとわかっていると、交互に入ったり外れたりすることを期待することになります。

そして、人間がそのように感じていると、何本も連続してシュートが決まるという特別感のある現象を説明するために、「調子」や「波」などの概念を使って、原因を説明しようとします。

ただ、実際は「調子」や「波」の概念があてはまるような大きな変動はなく、多数回のシュートの中でたまたま連続で現れただけです。

このように、偶然の範囲内で目立つことがあった場合、シュートが連続で決まったときに「調子がよい」と説明されるのはよいとしても、たまたまシュートが連続で外れた場合に「調子が悪い」と言われたりすると、選手は辛いものがあります。

ビジネスでも同様に、偶然の変動が現れる現象はあるでしょう。ビジネスの活動は相手があるものも多く、たとえば契約が決まった要因がなんなのかというのは、なかなか正しく分析することは難しいものです。

それでも、偶然の範囲内で、たとえば営業成績が変動して連続してうまくいったり、思うような結果が出なかったときには、それが本当に営業メンバーの「調子」によるのかどうか、能力によるのか、あるいは取引先やその他の要因によるのかを判断するには、長期的にデータを集めて分析する必要がありそうです。

つまり、人間の感じ方をもとにした概念で事態を説明するのではなく、データから確率を計算して判断するべきなのです。

「スポットライト効果」の苦しさを緩和する

リーダーもお父さんももっと人を見て

自分はいつもメンバーや取引先、上からチェックされており、緊張を強いられているというリーダーはおられないでしょうか。じつは、それもバイアスの一つかもしれません。

スポットライト効果は、実際以上に自分が注目されていると勘違いしてしまうバイアスを言います。暗いステージの上で、スポットライトが当たっているイメージです。

対策としては、自分にそんなに関心を持たれていないという事実を直視すれば、ある程度は回避できます。とはいえ、気にするなと言われても気になります。そういうときは、自分以外に意識を向けることが大切です。

普段の生活において「自分はあれをやった、これを言った」と、言動を振り返って、自分に注意を必要以上に向けないことも大事です。

それよりも**相手や、まわりの人の言動に注意を向けましょう。あるいは、瞑想《めいそう》するのもいい**かもしれません。瞑想は、自分の注意を空間に発散するという頭の使い方をすることができます。

スポットライト効果の影響下では、言ってみれば少し自己意識が過大になっていて、自己に注意が向きすぎています。そのようなとき、リーダーはあまり部下を見ていないとも言えます。

部下はどんなことが好きか、何に関心があるかなどに興味がなく、部下を個人化しないままになるかもしれません。部下から「この人は自分には関心がないんだな」と思われている可能性があります。

このようなことを避けるには、部下はもちろん、取引先、上司、ご家族にこれまでより多く注意を向けていきましょう。

もちろん、これまでも、このような関係者に注意を向けてきただろうと思います。

しかし、まわりの人が自分に注意を向けていると感じて、自分が緊張を強いられていると感じるのはつらいことです。もしかすると「自分一人でがんばらなくては」と感じているのかもしれません。そしてそれは、自分に必要以上に注意が向き続けているからかもしれません。

そのようなとき、まわりの人に注意を向けていくことで、苦しさが緩和され、まわりの人も、あなたが十分な注意を払ってくれることに感謝するでしょう。

「ナイーブリアリズム」と池袋暴走事故

あまりにも重い場合は適切な処置を

第2章でワンマン社長の事例を紹介しましたが、これに関連するバイアスがあります。**「自分は客観的に見ており、客観的に見ている他人は同じ見方をするはずだ」と感ずる傾向で、これをナイーブリアリズムと言います。**

私たちは、多少なりとも、自分は客観的にリアルに、現実を認識していると感じる傾向があります。そして、判断においても、真っ当な判断力を持つ人は、自分と同じ判断をするはずだと感じることがあります。

これは一種の信念であり、その信念を通じて、他人の判断について評価している状態です。これを正すことはなかなか困難です。

トラブルになったときにこれが出てくると、平行線をたどることになります。

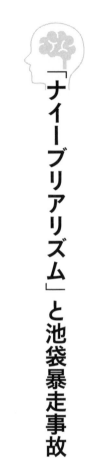

たとえば、職場の重大な問題とされているハラスメントです。ハラスメントをしたとして社内の相談窓口に相談されたときには、ハラスメント行為者にも事情を聞くことがあるかもしれません。

そのときに、ハラスメント行為者が「いいえ、自分は激励のつもりで言っただけで、パワハラとは思いませんでした」と言うことがあり得ます。

これは、聞いたほうからすると、この行為者が自分の責任を逃れるために言い訳している、と見えるのですが、じつは本当に、この行為者がこの通りに考えている可能性もあります。

パワハラ行為者は、自分なりに事態を理解して、その上で部下を激励するために強めの言葉を使ったと考え、その判断は部下の指導や組織を引っ張っていく行為として、正しいと考える可能性があります。

一方、相談を受けたほうは、相談者が困っているのだから、その行為はパワハラと認められるべきだと考えているかもしれません。

パワハラ行為者、相談を受けて事情を聞く人、それぞれが、客観的に事態を見れば自分のような考えになるはずだ、と感じていれば、事態は平行線をたどります。

ナイーブリアリズムは、なかなか回避できません。

それでも、あえて回避する方法としては、私たちは、ほうっておくと自分の見方が最も客観的で、判断は最も合理的で妥当あると感じてしまいがちだと、頭の隅に置いておくことが大事です。

しかし、それでも人間には、自分は客観的で常に正しい見方をしていると考える傾向があるので、紛争にもなります。事態には当事者双方の見方があり、それぞれに筋の通ったものになり得ることも、またよくあります。そのため、最終的に紛争になった際には、裁判で決着をつけるという方法が用意されています。

ここまでお話ししてきたのは、精神的に健康な場合に、自分が正しいと感ずる傾向についてです。もし、健康的と言える範囲を超えている場合は、心理の専門家に相談する必要が出てくるかもしれません。

2019年、東京・池袋で高齢者が運転する自動車が暴走事故を起こし、幼い子どもを含む母子が亡くなりました。原因は運転手がアクセルとブレーキの踏み間違いで、東京地裁でも事実認定され、禁錮5年の実刑判決も確定しました。

この踏み間違いという原因については早くから指摘されていた一方で、被告人は「自分は踏み間違えていない」「事故の原因は踏み間違いではなく電子系統の不具合」と主張しました。

もしかすると、裁判を少しでも有利に進めるための戦略として、車の不具合を主張したのかもしれません。しかし、**本気でご本人がそのように考えていたとしたら、ナイーブリアリズムに陥っていた**と言えます。

「バーナム効果」に陥らず人事を尽くそう

占いの前にやることがありませんか?

朝の情報番組や女性誌などの星占いは、結構当たる感じがします。

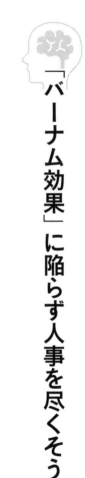

十二星座別の運勢ですが、曖昧で広く当てはまることを言っています。しかも、短く伝えています。短い分、視聴者や読者はいろいろな形で解釈できるのです。

こういった曖昧な記述を「自分に当てはまっている!」と感じるバイアスをバーナム効果と言います。

バーナム効果の対策は、そのような文章を読むときに、「これは自分に当てはまっていると感じてしまうものなのだ」と意識することです。

バーナム効果は、幸いにして文章を読む・言葉を聞くといった、意識的情報処理がおこなわれる場合の話です。そのため、その情報処理をする際に、意識して気をつけることができます。

短い文言による占いは、バーナム効果で自分にあてはまっているように感じることを、頭の片隅に置いておけば、雑誌やテレビの短い言葉の占いで、落ち込んだりすることもないでしょう。


経営者であれば、常に最終的には一人で決めなくてはならないかもしれません。そのとき、経営者はさまざまな人にアドバイスを求めることがあります。

占い師にアドバイスを求めることもあると聞きます。有能な占い師であれば、状況を分析し、経営者の悩みを受け止め、事態が打開されるように考えたコメントをくれるかもしれません。

ただ、その際のコメントは、バーナム効果で実際以上に当たっているように感じられるのです。

経営に関しては、多くの努力によって、学問として確立されている分野が多数あります。直接的には経営学であり、また、人間の行動に関するさまざまな学問です。

組織心理学は、組織を構成する存在としての人間について研究しており、社会心理学は、人の考え方や行動について知るのに役に立ちます。経済学の中のミクロ経済学は、個別の人間や企業の経済的行動の原理を知るのに役に立ちますし、意思決定論を学ぶことで、より合理的な意思決定をおこなうことができます。

こういった学問は、幅広く共有できる客観性と普遍性を獲得できるように努力されてきた分野であり、信頼できる多数の知識が存在しています。

最終的に、どのような選択肢を選ぶかという問題は常にあり、信頼できる知識があったとしても、最終的な選択において、リーダーには孤独感が伴うかもしれません。

リーダーには、経営に必要な学問的素養を十分以上に身につけて活躍されている方も多くいらっしゃいますので、バーナム効果で安心を得るよりも先に、経営にかかわる知識を獲得した上で、十分に人事を尽くして合理的に判断したいものです。

「ネガティビティバイアス」は使いどころ次第

無理やりネガティブの感情を抑え込まない

人間はどうしてもネガティブな情報に注意が行きがちですが、じつはこれもバイアスです。**ネガティビティバイアスというのですが、まわりの人の行動を観察しているときに、よりネガティブな行動に注意を向けてしまうのです。**

正確には注視時間の長さです。注意を向けて見ている時間のことを注視時間と言いますが、それがネガティブな行動のほうがより長いということです。

よく「他人のポジティブな面に目を向けましょう」と言われますが、実際にはなかなか難しいものです。

それは、このバイアスが人間にとって有利だったからです。

ネガティビティバイアスは、どのような人とつき合わないでいるべきかを教えてくれる情報に着目するように私たちを促します。

人間は、さまざまな行動を取ります。その中には、社会的に望ましい行動から、望ましくない行動まであります。

社会的に望ましい行動は、人から賞賛され、あるいは承認されるので、自分にとって得になります。そのため、本来よくない性質を持つ人であっても、あるいはよい性質を持つ人であっても、取る可能性があります。

したがって、他者の望ましい行動を見ているときには、その人がどのような人であるかを見分けられる可能性が低くなります。

その一方、社会的に望ましくない行動はどうでしょうか。

社会的に望ましくない行動は、それによって非難されたり、罰を受けたりする可能性のある行動です。つまり、行動した本人にとってコストの掛かる行動です。

それにもかかわらず、あえてその行動を取るのであれば、その行動を取った本人は、とてもその行動を取りたいと考えているか、コストを度外視して思わずそのような行動を取ってしまうのだと考えられます。そうすると、あえてコストの掛かる行動を取るときに、その人の性質が表れると考えられます。

このような行動の一つが社会的に望ましくない行動であるため、そのような行動に着目することで、自分にとってつき合うべきでない人を見分けるための有益な情報を提供してくれるというわけです。

そのようなことが人間の祖先にあったため、ネガティブな行動を注視する傾向が受け継がれていると考えられます。

これに対するリーダーとしての対策は「自分には人のネガティブなところを見がちな傾向があるのだ」と自覚しつつ、ほかの人の行動を理解し、また思い出すことです。

社会的に望ましい行動は、たくさん取られていたとしても、注目されていなかったり、忘れていたりするものです。

リーダーには、人を評価する仕事が必然的に生じてきます。人間にはネガティビティバイアスがあることを前提に、なるべく客観的に評価できるよう、評価対象者の行動を客観的に測定し、その上でよいことをしたところは十分に考慮していきたいものです。

なお、コストの掛かる行動には、その行動を取る人の性質がよく表れているということは、ネガティブなこと以外であっても重視されます。たとえば、誰かがコストを掛けて自分のためになることをしてくれたときには、その人は自分にとってつき合うべき人であると感じられます。

このように、ポジティブ・ネガティブ両側面において、行動のコストというのは、人の性質を見極める上で重要なものであると、私たちは無意識のうちに知っているのです。

「ミュラー・リヤー錯視」はなぜ起こる?

数を数える作業を軽視するメンバーに喝!

「ミュラー・リヤー錯視」と言われても何のことかわからない方でも、次ページの図を見たらピンと来るでしょう。同一の長さを持つ線も、一方の両端に外向きの矢羽根をつけ、他方に内向きの矢羽根をつけると長さが異なって見えるというものです。

なぜこの錯視が起きるのかと言うと諸説ありますが、最も有力な説は視覚の特性による二次元のものを三次元の世界に復元する際の脳のはたらきです。

この本を右に90度傾けて、２本の線を縦にしてみてください。どちらも簡略化したイラストで描く「壁のコーナー」のように見えませんか?

そのとき、外向きの矢羽根のほうは奥の壁に見えて、内向きの矢羽根のほうは手前の壁に見えるでしょう。しかし一方で、網膜に映った線そのものは同じ長さです。

ミュラー・リヤー錯視

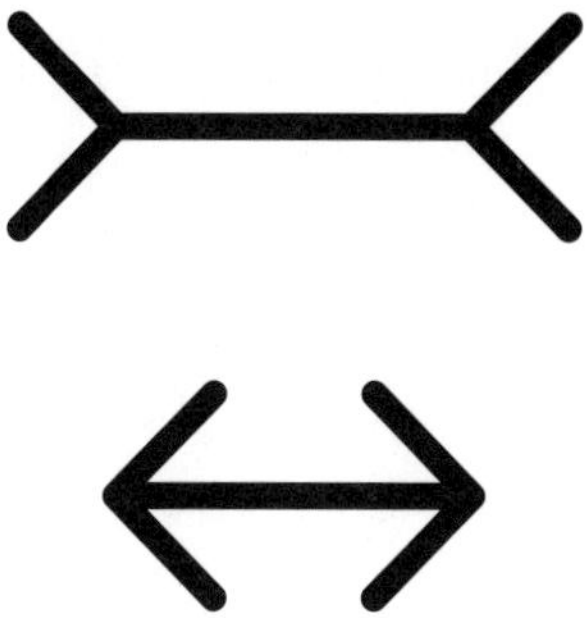

三次元の世界に住む私たちは、周囲のさまざまなものの形や距離を理解するのに、無意識のうちに遠近法を用いています。遠くにあるビルが自分の指より小さくても、そのまま解釈する人はいません。

これをミュラー・リヤー錯視に当てはめると、脳は「線の奥行きが違う」と解釈します。つまり、外向き矢羽根のほうは奥の壁に見えて、内向き矢羽根のほうは手前の壁に見えているわけですから、前者は奥にあり、後者は手前にあると判断するのです。

結果「それぞれの奥行きは違うはずなのに、2本の垂直線の長さは同じに見える。だから実際は、外向き矢羽根の垂直線のほうが長い」となり、それがこの錯視を生み出しているということです。

この錯視の対策としては「定規を当てる」というのが最もシンプルです。

このように、きちんと計測したり、数を数えたりすることは大事です。人間は錯覚を起こしてしまいます。

パッと見た限りでは、在庫はまだあるだろうと思っていたら、実際に数えたら5個しかなかったとか、こういう細かいミスはどの会社にも起こり得ます。

そのため、できる営業マンは、商品の数をきちんと数えて補充しています。アバウトな感覚で営業している人では、商機を逃したり、逆に過発注してしまいかねません。

また、よく大学生が「アルバイト先でやっている棚卸作業の意味がわからない」と言うことがあります。たしかに大変かもしれませんが、このようにじつはかなり意味がある作業なのです。決算時には、正確に把握しておかないと税金の計算を間違ってしまうこともあります。

もし身近に、似たようなことを言っているメンバーがいたら、リーダーはこの話をしてあげてください。

「フォールスコンセンサス」と飲食業界の盛衰

なぜ「いきなり！ステーキ」は急落したのか？

「とりあえず生」という居酒屋での定番の注文があります。上司が飲み会の出席者全員の注文を、生ビールで統一してしまったことがあるかもしれません。

自分もビールを飲むなら、それで問題ありません。しかし、なかには「ちょっと待って」と言いたかったことがある方も少なくないでしょう。

ただし、上司も意地悪で言ったわけではなく、これもバイアスなのです。

自分の意見と、部下やまわりの意見は同じだと思っているバイアスを、フォールスコンセンサスと言います。この場合は「俺が生なんだから、みんなも生だろう」ということに、まったく疑いを持たないのです。自分と同じ意見や好みや言動を、ほかの人も当然持っていると思い込んでいるのです。

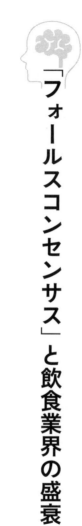

　このフォースコンセンサスは、とくにワンマン社長の会社ではますます強化されるでしょう。ワンマン社長にものを申すのは、とても大変なことですから。

今この項目を読んで、少しでも自分にその傾向があると感じた方は、今日からでも積極的に反対意見を聞いていきましょう。実際に従うかは別として聞くことは大事です。

「いきなり！ステーキ」は２０１３年12月に1号店がオープンすると、その後、順調に店舗数を増やして、5年後の２０１８年11月には全都道府県に出店し、11月30日時点の店舗数は３６６になりました（日本経済新聞２０１８年12月１日）。

　しかし、翌年には赤字に転落し、店舗数をどんどん減らしていきます。創業者の社長は引責辞任し、現在の社長によると２０２３年11月末現在の国内店舗数はフランチャイズを合わせて１８６だそうです。

　２０２２年8月に引責辞任した元社長の一瀬邦夫氏が、社長時代にテレビ東京の経済番組「カンブリア宮殿」（２０２０年3月12日放送）で、すかいらーく創業者の横川竟氏と対談しています。その中で一瀬氏は**「やっぱり商売っていうのは、自分がおいしいと思うものをお客様に食べていただきたいと思うので」**と発言しました。

それに対して横川氏は、このように言っています。

「自分がおいしいものが相手がおいしいとは限らないという前提で、相手の口に合わせた味と素材の組み合わせをした。基本は、お客様が求めているものを売らない限り、ものは売れないです」

番組の司会を務める作家の村上龍氏が「一瀬さんは自分が食べたいメニューで店を出す、横川さんはいわゆる顧客目線みたいな感じ」と整理しました（「ビジネスジャーナル」2020年3月14日）。

自分が相手によかれと思ってフォールスコンセンサスに陥っていないか、時々振り返ってみましょう。

「基本的帰属の誤り」で分析単位がズレる

何でも「意欲」や「心の温かさ」のせい？

たとえば、大学から就職する若者が減ったというニュースが報じられたとします。この根本的な原因は、実際には不況で就職口が減っていたり、少子化で学生も減っていたり、企業側が人件費に割ける予算がなかったりという、マクロ的な問題です。しかし、「最近の若者は働く意欲がないから」と思ってしまうことがあります。マクロの問題なのに、意欲の話で説明しようとするのです。

このように、**内的な要因を重視しすぎてしまうバイアスを「基本的帰属の誤り」**と言います。さらにここでは「分析単位の誤謬」という、マクロとミクロという分析単位の間違いもおかしています。マクロの問題について、個人単位の話で説明しようとすると論理がズレてしまいます。

「基本的帰属の誤り」の対策としては、まず人の行動は、状況が影響している部分が大きいことを知ることです。

たとえば、駅で困っている人がいる横を、誰も助けないで素通りしているというシーンがあったとします。このとき「今の日本人はなんて冷たい人ばかりなんだ」と思うのは基本的な帰属の誤りです。

そもそも、人助けというのは「言うは易く行うは難し」です。実際に助けるという行動を起こすまで、じつはたくさんハードルがあります。

最初のハードルが、その人が本当に困っているかどうかを認識すること。次のハードルが、困っていたとして助けが必要かどうかを認識すること。さらに助けが必要だとして、自分ができる範囲で助けられるかどうかを認識すること。それから助けに必要なコストを認識すること……。

このように無数のハードルがあって、それをすべて飛び越えられたら、ようやくアクションできるのです。

それらを全部ひっくるめて「温かいか冷たいか」と心の問題にはできません。

社会心理学の「援助行動」を知らずに、ここまで洞察力を磨くのは至難の業《わざ》です。むしろ社会科学を勉強するほうが話は早いかもしれません。社会学でも経済学でも社会心理学でもよいので、自分に関心のあるジャンルの本から読み始めてみてはいかがでしょうか。

「希少性バイアス」で〝本当のコスパ〟を見失う？

契約競争に負けたほうが得をするワケ

現在は飽食の時代ですが、人類にとっては、食べ物が少ない時代のほうが遥かに長かったという歴史があります。

そうすると、仮にそのときは不要でも、とりあえず手に入れておかないと、また手に入れる機会がないかもしれません。このような心理は今でも人間に残っています。

希少性が高いと感じるものに対して、いわゆるレア感を抱いてしまい、必要以上に価値が高いと感じるバイアスを希少性バイアスと言います。

つまり「少ないものは魅力的に見えてしまう」のです。

たとえば、ビジネスで言うと、顧客の取り合いが起こって必要以上にお金をかけて、結果的に損してしまうというような場合です。

A社とB社で顧客を取り合って、仮にA社が契約できたとします。しかし、A社が取引コストを使いすぎたら損する可能性もあります。

繁忙期《はんぼうき》と閑散期《かんさんき》が明確な業界では、お客様が少ない時期でも、会社は従業員に給料を払う必要があるので、閑散期に「従業員を遊ばせたくない」と考えるのは自然です。しかし、その際の取引コストには要注意です。

対策としては、少し冷静になって、コストパフォーマンスを考えることです。

たしかに、閑散期のお客様は貴重かもしれませんが、どのくらいコストを掛けていいのか、本当にそれだけのコストを掛けるに値するかどうかを検討します。

このような考え方は意思決定の基本に繋がります。

「外集団等質性バイアス」と「内集団バイアス」

自分たち以外は全員ショッカー戦闘員？

自分が学生のとき、自分と同じ大学の人々は多士済々に見えて、ほかの大学の人は同じように見えることがあります。**この「自分たち以外の集団に属する人はみんな同じに見える」というバイアスを、外集団等質性（同質性）バイアスと言います。**

わかりやすく言えば、仮面ライダーのショッカー戦闘員です。戦隊シリーズもそうですが、ヒーロー側（身内）はキャラが立っているのに、敵キャラは同じに見えます。

なぜなら、外集団の人々は深い関係にないので、そこまで詳しく認知する必要がないのです。そうしなければ、脳のキャパシティが足りません。

このバイアスは、社会的アイデンティティとも関連しています。「自分は何者か」の答えを、自分が所属している集団に求めるのが社会的アイデンティティです。

先ほどのように「自分は○○大学の人である」という帰属意識が強烈だと、その内集団の価値が高いことが、自分にとって大事です。

内集団の価値が高いことが大事になる場合、内集団の価値を高めるには「内集団は素晴らしい」と思うこと、あるいは「外集団は劣っている」と思うこと、この二つによっておこなわれます。

「内集団は素晴らしい」と思うには、内集団には特別な性質がある、たとえば社会的に選ばれた特別な集団であり、とくに重要な役割を果たすと考えたりすることで可能となります。

一方「外集団は劣っている」と考えることで、相対的に内集団を価値あるものだと考えることもできます。この副作用は、自分たち以外の集団を劣ったものと見ることで、偏見が生じることです。

そして、偏見に基づいて、内集団を優遇し、外集団を不利に扱う行動を取れば、それは社会心理学では内集団ひいき、一般には差別と呼ばれる行動になります。

社会的アイデンティティによって、自分は何者かを決める傾向が強ければ、内集団の価値を高めることは、自分の価値を感じる上でとても大事になります。

そのため、自分の価値を感じるために、偏見を持ったり差別をしたりすることに繋がっていきます。これを内集団バイアスと呼びます。

安倍晋三元首相はなぜ批判されたのか？

もし、偏見を持ったり差別したりすることの原因が、「自分が価値ある存在と思いたい」というものであれば、偏見や差別の根は深く、掛け声だけではなかなか解消しないと言えます。

偏見や差別は社会における大きな問題であり、集団同士の対立の原因にもなります。それが、個人が「自分は価値ある存在と感じたい」ということであったり、内集団という、普段一緒に生活する人たちに利益を与えて生き残りを容易にし、それを通じて自分の生き残りをも容易にするためであったりすれば、本来それは人間にとって必要なものであるとも言えます。しかし、それが場合によっては問題にもなるのです。

安倍晋三元首相の時代に問題になったのがこれです。

安倍元首相は「身内優先主義」と言われていましたが、それは人間の行動として普遍的に見られる「内集団ひいき」の一種と言えます。

これによって人類は生き延びてきたのですが、発揮のしどころによっては批判の対象となるのです。

社会的アイデンティティをより強く持とうとすると、自分の集団はいいもので、ほかの集団はダメなのだということを証明しようとします。

そのため、ほかの集団をおとしめたり、不利な条件を提示したり、さらには殺し合いに至ることもあり得ます。

大陸に住む人類は、陸続きでさまざまな民族集団が隣接して、あるいは入り組みながら住んできました。そのような中で民族同士が対立し、時に戦争に発展したのは、内集団バイアスが原因の一つだと考えられています。

社会心理学の研究史的には、ヨーロッパの民族対立がこの観点から説明できるのではないかと考えられ、今でも研究が続いています。

ライバル組織の中によき友を持とう

対策としては、ライバルに仲のよい知り合いを持つことです。

冒頭で大学の例を出しましたが、日本でお互いをライバルとして認め合っている有名な大学として、早稲田大学と慶應義塾大学があります。

たとえば、慶應義塾のOBで、外集団等質性バイアスを緩和したい場合、早稲田の出身者と友だちになるという方法があります。

外集団で個人化できる方がいれば、バイアスは緩和されていくでしょう。

外に仲のいい知り合いを持つことで視野が広がりますし、ビジネスの幅も広がるかもしれません。内集団バイアスは強力ですが、こうした小さな一歩から始めましょう。

「後知恵バイアス」で一言多いタイプになるな

「あなたは知らなかったはずだよ」と思われている

たとえば、あるプロジェクトが失敗したとします。そのとき「ほら、自分の言った通りだった」と思うことはありませんか？

「自分は最初から知っていた」と感じるバイアスを後知恵バイアスと言います。あるいは、何か報告されたときに「言われなくてもわかっているよ」と思ってしまうことも。

なぜ、このバイアスが生じるのかと言うと、人間は後から入ってきた情報を上書きして更新する、ということを脳内でおこなっているためと説明されています。

人間の記憶は、入ってきた情報によってアップデートされます。たとえば、進化的環境で生きてきた人間は、狩猟採集生活をしていました。その中でも、主に採集によって生計を立てていたと考えられます。

採集に使っている場所に出かけていくと、食べ物となる果物がなっていたり、次に行くとそれが落ちていたり、自分がそれを拾ってなくなったりと、状況は変化していきます。

変化した状況を記憶するために、古い記憶を上書きして、自分が知った最新の状態を保持しているのです。

その新しい情報を上書きする際に、自分が以前どんな記憶を持っていたかなどのほかの記憶も書き換わってしまうのが、後知恵バイアスの原因ではないかと考えられています。

新しい情報によって、関連する複数の記憶が書き換わっているのですが、本人はそれに気づいていません。そのため**「やはり思った通りだ」という感じは、それを感じている本人には本当のもののように感じられる**のです。

私たちは知らず知らずのうちに、後知恵バイアスに囚われた判断や発言をしているおそれがあるのです。

対策としては、余計な一言は控えるに尽きます。とくにリーダーであれば、メンバーが反論することは難しいでしょうから、尚更、口にするのは避けるべきです。

今、リーダーの立場についているのは、十分に有能さを発揮してきたからです。あえて、自分は最初から知っていたことを言わずとも、その有能さはまわりのメンバーには十分伝わっています。

「行為者観察者バイアス」と「知識の呪縛」

決めつけ、想像力不足と思われる事態の原因はこれ

自分が眠いときは「昨夜は遅くまで企画書を見ていたから」と思い、部下が眠そうにしているときは「あいつはやはりだらしないな」と思ったことはありませんか?

何か物事の原因を考えるときに、自分自身がおこなっているときと人の行動を見るときで、原因の帰属の仕方が異なることがあります。これが行為者観察者バイアスです。

たとえば、出版社において最近あまり本の企画書を出してこないメンバーがいたとします。リーダーは、つい「あいつ最近やる気がないな」と判断してしまいがちです。

しかし、単にリーダーと合わないと思われているだけかもしれませんし、もしかすると転職を考えているのかもしれません。

このバイアスの対策は、相手の事情を知るために、相手の話をよく聞くことです。

本当の理由を言ってくれるかはわかりませんが、自分とは別の考えが出るかもしれません。今の例で言えば、企画書を出すこととやる気は別物です。この章でも「基本的帰属の誤り」をご紹介しましたが、人間の行動は状況で決まる部分が多いのです。

同様に自分が知っている知識はみんな知っていると思い込んで、知らない状況を想像できないというバイアスを「知識の呪縛」と言います。

自分が知りたいことについて、よく知っている人に質問したところ「そんなことも知らないの？」と言われたとします。それにたいしては「不勉強で申し訳ありません」と答えるのが大人の対応です。

しかし、その回答者が知識の呪縛に陥っている可能性もあります。知識を知っていくと、その知識を知らなかったとき、自分がどう考えていたかがわからなくなってしまうのです。ですから「そんなことも知らないの？」と言われても、それほどめげる必要はないのです。

また、そのような発言をするのが学校の先生であってはならないと思います。学校とは、その分野について知らない人が習うために、お金を払って集まる場所です。そのため「そんなことも知らない人」であることが学生の条件だからです。

会社は学校ではないため、この前提は当てはまりませんが、知識も経験も豊かなリーダーは、新入社員などのメンバーの知識が足りないことに驚かれるかもしれません。その驚きは、もしかすると知識の呪縛から来ているのかもしれません。

リーダーとしては、そのようなときには知識の呪縛で、その知識がなかった自分を忘れていることを自覚し、メンバーの立場に立つことが必要になります。

自分のグループのメンバーが知識の呪縛に陥っているときには、それを指摘しても気づかない可能性もあります。その場合には、第三者に入って指摘してもらうのも、一つの対処法となり得ます。

その第三者は、普段社内のまったく別の組織にいる人や、外部のコンサルタントなどが考えられます。組織運営のコンサルタントや、あるいは「そんなことも知らないの？」の強さの度合いが極端に強すぎるようであれば、パワーハラスメント対策法のコンサルティング会社に依頼するのも一つの方法となるでしょう。それだけ知識の呪縛は、人間関係に及ぼす影響があり得ることを、頭の片隅に置いておくのがよさそうです。

「チアリーダー効果」で仕事後も楽しくなれる？

アイドルグループの鉄則を応用してみよう

この章の最後に、アフター6などで使えるバイアスをご紹介します。

イケメン集団・美女集団と合コンしたものの、後日その中の一人と待ち合わせたら「あれ、あまりかっこよく（かわいく）ないかも……」と思ったことはありませんか？

このように、**一人でいる人よりも集団の中にいる人の顔のほうが、同じ顔であっても、より魅力的に見えるというバイアスをチアリーダー効果**と言います。

たとえば、一人でいるとそれほど魅力的には見えないアイドルでも、何人何十人と集めてグループにすると、きれいに見えます。

これはもちろん、プロデューサーの戦略的な勝利でもありますが、チアリーダー効果をうまく活用しているのです。

ちなみに、身体的魅力のことを、社会心理学では「フィジカルアトラクティブネス」と言い、日本語では身体的魅力と訳されています。

身体的と呼んでいますが、ほとんど**顔のことについて研究されています。**

なぜ、チアリーダー効果が生じるのかには、二つの説があります。

まず人は集団でいると、一人の顔を見る時間が短くなるからという説。

次に、たくさん人がいると、そういう人たちを集団として見て、その人たちを平均にした顔（心理学では平均顔と言います）を脳が作り出すからだという説です。

この対策としては、より少ない人数（二人vs二人など）で会ってみることです。

ちなみに恋愛のきっかけは見た目であっても、それだけでは続きません。

社会心理学のＳＶＲ理論によると、最初は見た目や行動や考え方などの目新しさが刺激（Ｓ）となりますが、やがて慣れると価値観（Ｖ）の一致が大事になり、さらにつき合いが長くなると役割（Ｒ）分担が上手にできるかどうかで、関係の深さと継続できるかどうかが決まります。

本当にあなたと話や趣味、考えが合うのか、といったところをきちんと見定めましょう。

また、むしろ、自分がチアリーダー効果を使う側に回るという手もあります。イケメン集団や美女集団に混じるのです。

もっとも、集団側が自分を入れてくれればですが……。

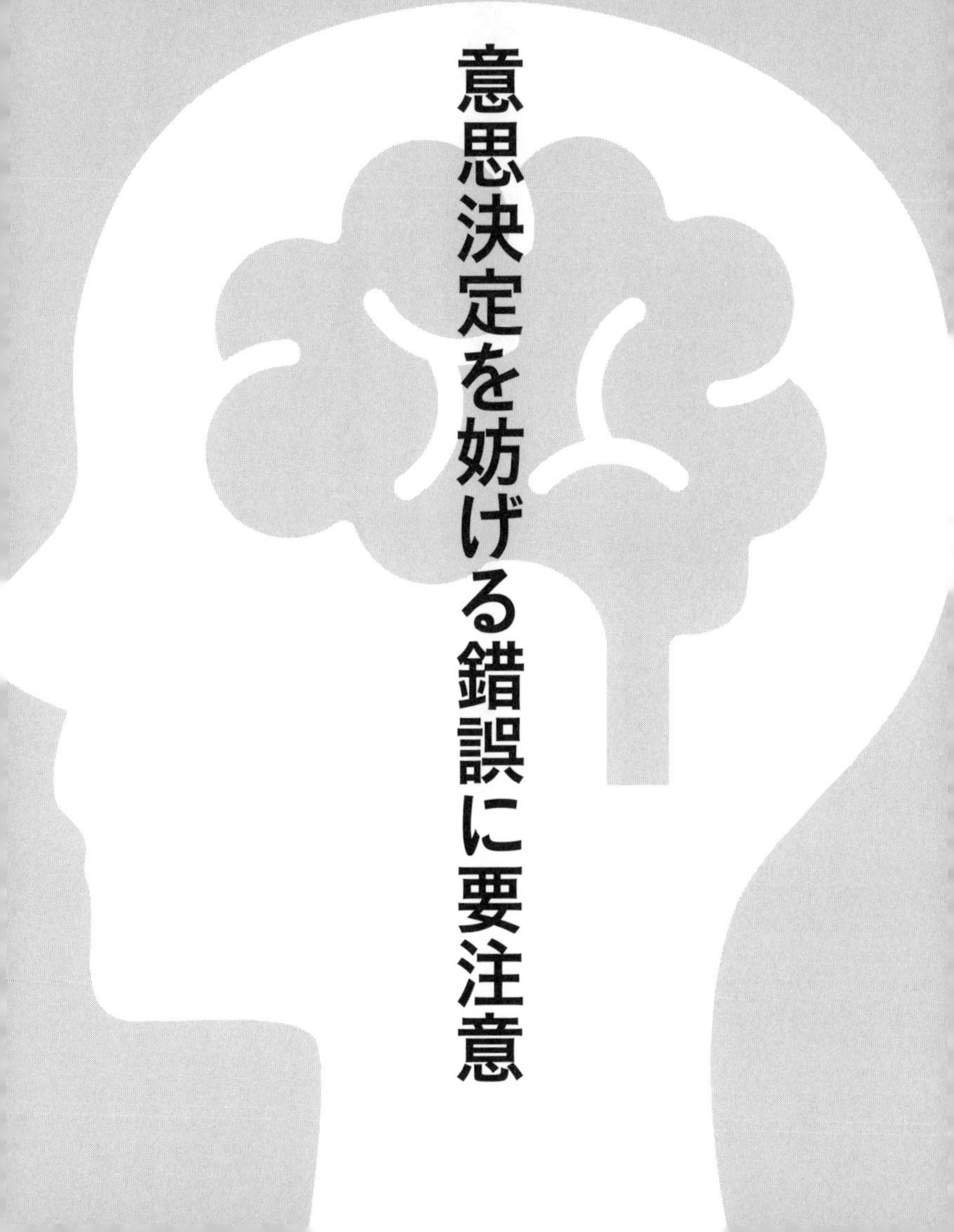

第4章

意思決定を妨げる錯誤に要注意

内集団を優先した旧ジャニーズ事務所とお笑い界

なぜ「喜多川氏の名を残す」と決断したのか？

この章では、認知バイアスとは言えないものも含めて、組織内での良質な意思決定を妨げる原因についてご紹介していきます。

2023年9月、ジャニー喜多川氏による一連の性加害報道を受けて、当時のジャニーズ事務所が初めて記者会見をおこないました。その場で事務所側は当初「ジャニーズ事務所の社名は残す」という主旨の発表をしてしまいます。

喜多川氏は当事者であり、ジャニーズ事務所の名前はファンはもちろん国民にも浸透していて、所属タレントたちにも慕われていました。ですから「残したい」という判断に至ったことも、理解できます。

しかし、その直後から「加害者である喜多川氏の名前を冠した事務所名を残すとは！」とバッシングが起こります。その後、ジャニーズ事務所としての看板を下ろし、将来的には廃業することが発表されました。

その件について、ジャニーズ事務所側は同年10月の記者会見において、社長の東山紀之氏が**「前回の会見では、社名を残すと申しましたが、それこそが内向きと批判されて当然のことでした」**と話しました（産経新聞2023年10月2日）。

社名を残す判断をした結果、当時のジャニーズ事務所は次々とスポンサーから契約を打ち切られて、タレントさんたちがメディアのCMに起用されなくなっていました。事務所側は、外のステークホルダーについて、もっと多角的に考える必要がありました。連日メディアから名指しで報じられたことで、スポンサーの企業イメージへの影響が懸念されました。

そんなとき、**社名に喜多川氏の名前を残すという決断をしたら、スポンサーが離れる可能性も、後知恵ではありますが考えられた**と思います。

こういう場合、ステークホルダーとのコミュニケーションを密に取るか、少なくともその人たちの立場や都合から考えて、この事態がどう見えるかを想像して決断しなくてはなりません。

ステークホルダーの利害はどうなっているのか、その人たちからしたら自分たちの言動はどう見えるのかなどを検討する必要があったでしょう。

メディアの報道に加えて世間も多大な関心を寄せ、収拾がつかなくなるほど話が広がったことで、おそらく事務所としても、どこまでステークホルダーに影響が広がっているのかを想像しきれなかったのだと思います。

もちろん、これが普通の意思決定でしたら、そこまで外部の動向を気にしなくてもよかったはずですが、もはや自分たちだけでどうにかなる域を超えていたのです。

旧ジャニーズ事務所に限らず、判断の影響の大きさを十分に計り切れないこともあるでしょう。**意思決定をおこなう必要性に迫られた際には、自分の決断がどこまで影響するのかということを、常に考えておかなければなりません。**

とくに、マスコミに騒がれているときなど、外に影響する範囲が広がっているときには、思わぬところにまで拡大しているものです。

「先輩芸人もやっていた」は言い訳にならない

もう一つ、芸能ニュースで取り上げるのは、2019年6月に発覚したお笑い芸人による闇営業問題です。主に吉本興業所属の芸人の方々が、事務所を通さずに営業する〝闇営業〟をおこない、しかも営業先が反社会的勢力だと報じられたものです。

芸人の方々は、相手が反社会的勢力とは知らなかったそうです。また、当初は「金銭を受け取っていない」と話していました。しかし、その後やはり受け取っていたことを認めたため大問題に発展したのです。

この件に関し、メディアを通して「かつて自分もやっていた」という主旨の発言をおこない、後輩たちを擁護《ようご》するような先輩芸人さんがいました。

先輩芸人さんは、もしかすると、かつて自分たちがやっていたときは許されていた、ということを言いたかったのかもしれません。

しかし、時代の移り変わりによって、どのような行為が許されるのかは変わっていくものです。さまざまなハラスメントとして、今は許されない行為でも、20～30年前であれば、それほど問題視されなかったかもしれません。

闇営業で問題とされた行為は、もともとの意味の事務所を通さずに仕事を受けること、そしてその結果、脱税と言われる行為に繋がったこと、「闇営業」で仕事をした先に反社会的勢力が含まれていたことの三つの問題が絡み合いつつ問題にされました。


このことが問題にされたのは、先輩芸人さんが考える行動の良し悪しと、世間が考える行動の良し悪しの基準が違っていたからではないかと思います。


人の行動が許されるかどうか、どういった行動が推奨されるかは、自分が所属する集団内で、どのような行動がよいとされるかという集団規範によって判断されます。

そして、その集団規範は、社会規範と重なっていることも多いですが、一部でずれていることもあります。その規範のずれがあるときに、自分が所属している集団では問題とされない行動が、法令違反となる可能性が出てくるのです。

「闇営業」が許されるかどうか、ということが議論されたとき、先ほどの三つの問題が世間の規範という、より大きな集団規範から見てOKかどうか、法令という社会規範から見てOKかどうかが議論されたと言えます。

そして、芸人さんの世界の集団規範と、世間の集団規範、そして社会規範という三種類の規範の関係についても、じつは議論がされていたと見ることができます。このように整理すると、規範同士のせめぎ合いの問題であったと考えることもできます。

闇営業問題における脱税のように、集団の規範が世間一般における社会的な規範と乖離している場合も多々あります。たとえば、工事現場で働くときに、工事現場付近の屋外で喫煙することが社内的に許されている会社がある場合、それが路上喫煙禁止条例のある自治体に現場があると、集団規範と社会規範の葛藤が起きることになります。

私たちの祖先は、サバンナ生活では永らく集団規範の中で生きてきました。そのため、集団規範で許されていることは許されると判断します。それを、社会規範に照らしていけないことだと判断するには、直感的判断を超えた理性的判断が求められます。

社会という大きな集団の一員としても生きている現代の私たちは、集団規範を超えた社会規範から見て許されるかどうかにも、気を配って生活しなくてはならないのですが、それは私たちの直感的判断を超える必要があるのです。

「過剰な一般化」による選挙の買収事件

たった数例で「みんなやっている？」

先ほどの闇営業問題で出てきた、自分だけがやっているわけではなく、同じ集団の他の人もやっていることを、悪いことではないと認識することはよくあります。私たちの直感的な規範の理解のベースは集団規範、つまり私たちの所属する集団内での行動の良し悪しだと考えられます。そして、集団規範のみを自分の行動の良し悪しの判断基準とすると、それが法令などの社会規範と矛盾している場合、違法行為になってしまいます。

違法行為を追及された人が「それをしたのは自分だけではない」「みんながしていた」と発言するのを聞くと「それをした人は、みんなまとめて法令違反ということではないか、なぜそのようなことを言うのだろう。それが言い訳になるのだろうか」と疑問に思われるかもしれません。

このような発言は、たとえば選挙違反の疑いが掛けられた人や、場合によっては逮捕された人から聞かれることがあります。

選挙違反は、窃盗や殺人といった犯罪と比べて、それが悪いということが感じにくく、公共の選挙のあり方という、集団規範ではあまり問題として出てこない行為についてのものであるため、このような発言が出てくるのではないでしょうか。

実際「自分だけではない」「みんなやっている」という発言は、「自分は自分の集団内の集団規範に沿って行動した（集団内の規範に沿っているのだから、非難されないはずだ）」ということを言いたいと考えられます。

ここにも、集団規範と社会規範のずれによる問題が表れています。

それに加えて「みんなやっている」という発言には、「自分の行動はほかの人と同じで、ほかにもたくさんの人がやっている」という考えが表れています。これには、第3章で触れたフォースルコンセンサスの影響もあるでしょう。

そして、ここには表れていませんが、たとえば発言者のまわりの2〜3人しかやっていないのに「みんなやっている」と発言する背後には、少数の事例から広く一般化する「過剰な一般化」という推論の誤りが潜んでいることも考えられます。

規範の認識の問題、フォースルコンセンサスの影響、過剰な一般化という推論の誤りの問題、といったことが重なり、発言している本人にとっては自分の行動は正当、あるいは少なくとも非難されないはず、という認識が生まれている可能性があります。

このように考えると、端から見ているとただ言い訳しているように見える発言が、じつは本人の目から見ると、とても筋が通っているように感じられることの理由を説明することができます。

過剰な一般化という推論の誤りの問題は、小学生がおねだりするときに使う話を思い出していただくと、理解しやすいかもしれません。つまり、**小学生が、たった数人しか持っていないのに、親に「みんな持ってる!」などと主張し、最新のゲームを買ってもらおうという手段に出ることがあります。これが、典型的な過剰な一般化**です。

多くの場合、ここで言う「みんな」とは2、3人であることがあります。これと同じことが大人でも起こり得るのです。

適切な方法で確率を調べよう

過剰な一般化を防ぐには、その事例がどれぐらい一般的なものかという確率を計算することです。研究者であれば、実際に適切な方法でデータを取ってきて統計に分析して、どれぐらいの確率かを計算します。

そして、ここで大切なのは「適切な方法」か否かという点です。

たとえば、内閣支持率という指標があります。はたして、あの数字は正しいのでしょうか？　つまり、適切な方法でデータを取っているのでしょうか？

内閣支持率は、電話調査で算出されることがあります。それが素早く調査できる方法だからです。その方法では、「知らない人からかかってきた電話に出られる人」だけが回答者になるので、サンプルが偏るでしょう。

電話調査（RDD）で回答する人は、調査がおこなわれる時間帯に電話に出られること、そして知らない番号からの電話に出る人、ということになります。電話調査は、調査する会社が稼働している時間帯におこなわれることになります。そうすると、平日の昼間になされることが多くなり、平日の昼間に電話に自由に出られる人ということになるので、会社員や公務員の回答数は減ることになりそうです。

ただ、最近では完全に機械が電話を掛け、機械音声で質問を提示するという仕組みが使われているので、機械に調査を全部任せておけば、完全に平日の昼間に縛られることもないかもしれません。

しかし、そのときでも、機械の不具合に備えて待機している人が必要なので、待機する人の稼働時間帯、つまり通常は平日の昼間にすることが多くなるでしょう。

また、**知らない人から掛かってきた電話に出る人、という点でも回答する人に偏りが出そう**です。つまり、昭和時代をよく覚えている世代であれば、そもそも掛けてきた相手の電話番号を表示する装置が存在せず、相手の電話番号がわからなくても電話に出るのが普通だったことを覚えているでしょう。

そのような世代は、知らない番号でも出る可能性が高くなります。

一方、固定電話のナンバーディスプレイや携帯電話が普及していて、電話が掛かってきたときには相手の番号が表示されるのが当たり前、という環境で育ってきた世代であれば、知らない番号であれば出ないようにするという行動が身についているでしょう。

つまり、受け手の知らない電話番号から掛ける電話調査に対して出る可能性のある人は、より年齢の高い世代に偏っている可能性があります。

そうすると、回答者は年齢の点で、高齢の方に偏っている可能性があります。**これは認知バイアスではありませんが、統計学でいうサンプリングバイアスになる可能性があります。**

サンプリングバイアスを補正しないで、電話調査の結果をそのまま内閣支持率として正しい数字であると考えると、足下をすくわれる可能性があります。

とはいえ、選挙に投票に来るのは、若者世代になるにつれて少なくなってきますから、もしかすると選挙での支持率と、それなりに相関しているのかもしれませんね。

ただし、世論調査の数字には、調査方法によって結果に偏りが生ずることがあります。これは調査主体が、とくに一定方向に結果をねじ曲げようと考えていなくとも、採用した調査の方法によって自然に発生するものがあるので、注意が必要です。

日大アメフト部を廃部に至らせたものとは？

林理事長の誤算から見えてくる教訓

２０２３年８月、日本大学アメリカンフットボール部で、部員が覚醒剤取締法違反（保持）と、大麻取締法違反の疑いで逮捕される事件が起きました。寮内での保持と使用が問題となり、ほかの部員も逮捕されるなどしたことで、結局アメフト部が廃部となる事態に発展しました。

そもそも日大アメフト部は、２０１８年５月に「反則タックル問題」が社会問題にまで発展し、世間の関心を集めていました。

これについて、新しく理事長に就任した林真理子氏は、２０２３年８月の記者会見において**「非常に優秀と聞いているコーチ、監督がいたので、そういう方に任せておけば大丈夫ではないかと安易な気持ちがあった」**と延べています（東京新聞２０２３年８月10

日)。林理事長から見て、コーチや監督への遠慮があったということでしょうか。

とはいえ、理事長は日大のトップです。ジャーナリストの鈴木エイト氏も「スポーツ部門に切り込むために理事長になったはずなのに『やっぱりだめだ』と世の中に思わせてしまった」と語っています(同)。

第2章で少し触れましたが、各テレビ局をはじめとする報道機関が報じるかどうかという判断で、遠慮が働いた例がありました。

しかし、遠慮は、外部に対してだけではなく、内部に対して生じることもある事例が、この事例です。トップが一部門に対して遠慮するということも起こり得ます。

リーダーは、過度な忖度や遠慮をせずに、必要なときには切り込む役割を担わなくてはなりません。

「フィジビリティスタディ」と東芝不正会計問題

「3日間で120億円」の目標は実現可能か

第2章で「ナンセンスな数式効果」について触れました。

これに近いものですが、部下に達成不可能な数字を示してプレッシャーを掛けて、大規模な不正会計に至った事件があります。それが、2015年7月に発覚した東芝の不正会計問題です。

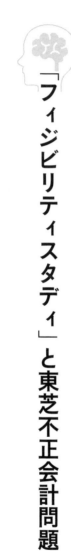

インフラ工事やパソコン事業など幅広い分野で利益のかさ上げがおこなわれ、その総額は7年間で2200億円余りに上りました。調査をしていた第三者委員会の報告書によると**「経営トップらを含めた組織的な関与があり、意図的に『見せかけ上の利益のかさ上げ』をする目的でおこなわれた」**と指摘されています。

歴代の社長たちが、売上や利益の目標を必ず達成するよう指示し、部下たちが不正な会計処理に追い込まれたことが明らかになりました。この件で、東芝は社長、副会長、相談役と、3名の社長経験者が辞職しました（NHK2023年3月28日）。

なかには、驚くほど無理な数字を強いられたケースもあります。

第三者委員会の報告書によると、たとえば2012年、中間決算の最終月末に当たる同年9月27日の社内会議で、元副会長がパソコン事業部に「残り3日で120億円の営業利益の改善を強く求めた」とのことです。翌28日には結果を報告するよう求めたそうです（日本経済新聞2015年7月21日）。

3日間で120億円の利益改善は、大企業でも至難の業です。これについて、翌日には結果を報告するように求めています。このような強力な圧力が、不正な会計処理に向かわせたのではないかと思われます。この際に、ナンセンスな数式効果のように、数字で示されることの効果もあったかもしれません。

組織のリーダーは、メンバーに無理な目標を与えて、それを達成するよう求めるような事態にならないように組織を運営しなくてはなりません。

さまざまな周囲からの事情で、そのような事態に追い込まれそうになったら、周囲のステークホルダーとコミュニケーションを取り、組織全体の目標の修正を受け入れてもらうなどの交渉をする必要が出てくるかもしれません。

目標を設定することは重要であり、ルーティーンとしておこなわれている会社も多いでしょう。**その際に必要なのは、どのくらいの数字であれば実行可能（feasible）なのかを検証することです。これはフィジビリティスタディと呼ばれています。**

心理学の実験計画や調査計画を立てるときも、実行可能性はとても重視されます。目的を定め、問題を作り、仮説を立てたら実験計画を立てますが、その際にその実験は、そもそも計画として実行可能なのかを考えるように訓練されます。

実行可能かどうかは、そのときに自分が持っている、あるいは利用可能な時間、お金、設備、人間関係等によって左右されます。そのようなことを考え合わせて計画を定めていく必要があるのは、さまざまな組織に共通しています。

もちろん、大企業が会計不正にまで至る事件の背景は複雑であり、簡単には論じられず、避けられないプレッシャーなどもあったのではないかと想像されますが、ナンセンスな数式効果に対抗するには、実行可能性の検討がその一つの手段となりそうです。

実行可能性の検討は、活動を始めた後にも、計画の修正という形で必要になることがあります。

ビジネスでは、実行してみたら予想外の事態が起き、計画が達成できなくなることもあります。期間内に目標が達成できそうかどうかを考えながら進めていきますが、必要に応じて下方修正しなければならないことも出てきます。

たとえば「営業一課は、この商品を月に50点売る」という目標が立てられたとします。一課の人数は5人とすると、一人10点の目安です。しかし、この中の一人が途中で休職することになりました。

そうなったら、一課の目標を月に40点に下方修正するか、従業員を補充するなど、何らかの対策をすることになります。そのどちらもせずに「残り4人でがんばれ」ということにしたら、従業員はどう感じるでしょうか？

これで評価を下げられて給与に響いたりしたら、従業員のモチベーションは下がりますし、組織内の空気も悪くなります。

その目標は本当に実現可能なのかを行動しながらも考える必要があるのです。

「リスキーシフト」による集団意思決定の罠

「やらなきゃよかった会議」の正体とは？

会議は、民主主義的な意思決定方法であり、参加者の情報を持ち寄って、判断力を持ち寄り、参加者の所属感を高めて士気を高めることが可能になります。しかし、その結論として出された決定は、常に妥当であるとは限りません。

集団意思決定の研究において知られていることとして、会議の参加者それぞれが、少しだけリスクを取ってみようという方向に意見が傾いている場合、その意見を集約して集団全体の意見としたときに、一人一人の意見よりも、ずっとリスキーな決定になってしまうことがあります。

これをリスキーシフトと言います。個人ではなく集団で意思決定したことで、よりリスクが高い選択肢を選んでしまうという現象です。

普通に考えれば、みんなで話し合って決めたら、リスクの高すぎる選択肢は取らないことになりそうです。しかしリスキーシフトは、その逆の結果になる現象なのです。たとえば、企業の意思決定において、いくつか投資案件があり、どれに投資するか決める会議をした際、リスキーシフトがはたらくリスクが高いものを選んでしまいます。

なぜ、こんな現象が起きるのでしょうか？

じつは、各員や集団の心理状況は、あまり関係ありません。それよりも、意思決定に参加する各員が、もともと「どんな意見を持っているか」によって決まります。

会議に参加した個人の意見を集団の意見に変換するためのルールを意思集約ルールといいます。こう言うと難しそうですが、多数決とか全員一致とか、どうしたら集団での意思が決まったことにするかということのルールです。多くの会議体では、普通の議題には多数決が取られるでしょう。

そのときに、多数決ルールを採用すると、参加者それぞれが少しずつリスクを取る方向に意見が傾いている場合、全体として集めたときの集団の決定が、全体的にリスクの高いものになってしまうのです。

リスキーシフトとは逆の現象を、コーシャスシフトと言います。話し合った結果、より安全な選択、慎重すぎる選択をするという意思決定です。こちらも、意思決定に参加する各メンバーの意見が安全側によっていることによって決まります。

つまり、**リスキーシフトでは「ニュートラルのどちらでもないより、少しだけリスクが高いほうがいい」と思っている人たちが集まると、リスク方向に振れてしまうという現象が起こりやすくなる**のです。

反対に「少し安全策のほうがいい」という人たちが集まると、その総和としてかなりの安全策を取ってしまい、コーシャスシフトとなるわけです。

どちらのケースも、集団で話し合うと、各メンバーが「ちょっとリスキーに行こうかな（安全に行こうかな）」と思っていた意見が、より増幅されるということです（ちなみに、リスキーシフトもコーシャスシフトも認知バイアスではありません）。

リスキーシフトとコーシャスシフトを合わせて、集団極化現象と言います。リスキーシフトは、みんなが「ちょっとリスキーに行こうかな」と考えていたら、それがよりハイリスクな決定になってしまったということなのです。

ユダヤの教え「全員一致の議決は無効」

集団の意思決定において、多数決は素早く決定でき、メンバーの多数派の意見を反映させることができる実用的なルールです。そのために、多くの会議体で採用されています。

それに対して、よりメンバー全員の意見を尊重し、民主主義的な意思決定をしたいという場合、全員一致ルールが採用されることがあります。しかし、集団意思決定に集まったメンバーは、それぞれ違う人間、考え方も違います。このようなことを重視する教えもあります。

ユダヤ社会では「全員一致の議決は無効」という考えがあります。**古来、全員一致の意見は、意思決定としてよくないと考えられているのです。**

もし、本当に全員がまったく同じ意見であった場合、採用しようとする選択肢についての欠点に全員が気づいていない可能性があります。

一方で、集団が機能不全になっている場合、社会心理学でいう「集団思考（集団浅慮)」にグループが陥り、全員一致が雰囲気として強制される可能性が出てきます。

どちらの場合も、集団の意思決定としては不健全である場合があるのです。

こういうケースを避けるには、一人でも反対側の意見を言える出席者を選ぶことで、だいぶ緩和されます。よりいろんな意見があればもっと緩和されるでしょうが、一人でも違います。

一人でもいいので、合理的な反対意見を言えるメンバーを会議に入れると、集団としての健全性が保たれます。

同族経営は本当に悪いことなのか？

じつは会社にとって多大なメリットがあった

２０２３年、ビッグモーターによる一連の不祥事が表面化した際、創業者の息子に当たる副社長のパワハラなどの諸問題も、メディアで大きく取り上げられました。

そうなると「やっぱり二代目はダメだ」「同族経営は問題がある」などという声が聞かれるようになります。もちろん、そういう場合もあるのでしょうが、実際には二代目社長や同族経営を一律に悪いとは言えません。

もともと、人は自分の集団の内側にいる人、内集団の人を高く評価する傾向にあります。**息子や孫をよく評価するのは人にとって普通のことです。**

だからこそ、ホンダの創業者・本田宗一郎氏のように、身内をひいきしなかった成功者が高く評価されるのです。

一方、トヨタの社長は創業者一族から多く出ていますが、会社が悪くなるどころか絶頂期にあります。2023年4月から12月までの9か月間において、グループ全体の決算が過去最高益となる4兆円を超えています（NHK2024年2月6日）。

そういう意味では、一概に同族経営がダメとは言えません。

むしろ、健全なオーナー意識を持った経営者が、企業の存続と発展に責任を持つことで、長期的に見て発展していく可能性もあるのです。

長期的な発展を見据えていくには、企業の今後の方向性を考え、それに沿った計画を立て、実行していく必要があります。長くかかる資産の構築や財産となる技術の開発をおこない、将来その果実から長期的に利益を上げていく、という考え方を採ることができます。

これは、社会心理学的に見るとコミットメントの一種と解釈できます。経済界の用語ですと、コミットメントは「必達目標」と訳されていることがありますが、本来は「後戻りしない、しっかりとした関わり」というような意味です。

社会心理学では、自分の発言に反する行動をしない、親しい人間関係においてその人を裏切らないような関係性、そういったものをコミットメントと呼んでいます。

それに対してコミットメントが低い場合、短期的な利益を追い、会社の資産を売却することで利益を上げて去っていく、ということもあり得ます。

このように考えると、経営者が長期的なコミットメントを持って経営に携わることは、企業にとって大きなプラスがあります。またそれは、その企業の取引先や顧客にとっても、長期に続いていくという意味でプラスとなります。

もちろん、血縁者でなくとも、しっかりしたコミットメントがあれば、長期的視野に立って企業を存続させてくれるでしょう。ただ血縁者には、それをより可能にさせる、血縁という大きな手がかりがあります。

したがって、同族経営がよいか悪いかという問題の立て方よりも、企業及び社会にとってプラスとなる経営者の資質とは何か、という問題の立て方がよいでしょう。

そのときに、一つの重要な要素が長期的なコミットメントであり、同族から出た経営者の場合には、長期的なコミットメントをしやすい重要な手がかりがある、と考えることがよさそうです。

旧ジャニーズ事務所が補償をおこなえた理由

以上のことは、もっと規模の小さな会社にも言えます。今の日本において、中小企業における事業承継が問題になっています。次代を担う経営者が見つからないため、重要な製品やサービスを提供する企業が、廃業の瀬戸際に立たされているという問題です。

そのような会社で、これと見込んだ従業員を育てて、あとを継いでもらおうと社長が考えていたにもかかわらず、血縁者でなかったので最後の最後で「逃げられた」という嘆きを聞いたことがあります。

社長は権限と共に責任も大きく、管理業務が多くなりますから、個人の人生をどう生きるかという問題を考えたときに、自分がやりたいことは社長業ではないと考えることもあるでしょう。

しかし、それぞれの会社には、それぞれのリーダーがいてくれなければ、存続は難しくなります。そして、それぞれの会社には提供している製品・サービス、取引先、顧客がいますから、廃業となればこの関係者がみな困ることになります。

そのため、先ほどの社長さんは、実家から離れて暮らしていた血縁者の方を呼び戻し、育てて、社長に据えました。血縁者であれば、より強いコミットメントをせざるを得ないということで、新しく社長になりました。

このように、オーナー経営者的立場の人が、そのオーナーシップを発揮しながら会社において必要ないし決定をすることにはメリットがあります。

2023年、ジャニー喜多川氏による性加害が表面化した旧ジャニーズ事務所は、メディアや世間から大いに批判されましたが、その後、性被害を受けた方々への補償を始めました。それが今できているのは、藤島ジュリー景子社長が100％の株を持っており、被害者に補償すると決断したからです。

このとき、藤島社長が全株を手放していたら、違った結末になったでしょう。

もし社長が株を十分持っていなかったり、批判を受けて株を売却したりしていれば、社長が最終的な決断を下すことができなくなっていたかもしれません。そうなると、被害者の方で、すでに時効にかかった被害については、法的責任はないから補償しないという（経済的に合理的な）対応を取る可能性も十分に考えられました。

同族経営者と世襲政治家の違い

同族経営者と同様に、世間の関心の的になるものに、世襲政治家があります。世襲はいけない、という文脈で語られることがよくあります。

これは先ほどの議論の延長で考えると、どのように考えられるでしょうか。

先ほどの議論のポイントは、経営者がコミットメントを持つことで、事業に長期的視点と継続性が出てくることは、企業と関係者にとってプラスになり、廃業すると関係者にマイナスが及ぶということでした。

では、政治家の場合はどうでしょうか。政治家が世襲する場合、選挙に打って出るときに必要なリソース、いわゆる「地盤、看板」を受け継ぐことができます。引き継ぐべき財産がある場合、「カバン」も受け継ぐことができるでしょう。

したがって、政治家として選挙に受かる確率が上がりそうです。そして、その政治家を支持してきた有権者も、支持者層を引き継いでくれる政治家がいることで、自分の意見が政治に届きやすくなるというメリットを引き続き受けることができます。

しかし、**政治家と企業が異なるのは、国や地方公共団体は企業と違って存続が保障されていること**です。もちろん、国そのものがなくなってしまったり、領土が失われれば別ですが、そうでない限り自治体は合併などをしながらも存続していきます。

また、政治の作用は権力作用なので、同じ人が権力の座に長くいると、どうしても腐敗が発生する可能性が高まります。

そのため、今の日本の政治体制では、定期的に選挙をおこなって誰を代表とするかをそのたびに決定するべきだという考えをもとに組み立てられています。必ずしも、政治家の地位を保障せず、そのことによって自浄作用も期待しています。

したがって、世襲政治家批判にも、理由があると言えます。

このように、コミットメントと長期的な継続性という観点から考えると、類似の問題として見える同族経営と世襲政治家批判の問題の違いも見えてきます。

「真実性の錯覚」とウクライナ報道、少年事件報道

嘘でも100回言うと真実になる？

初めて聞いたときは嘘だと思っていた情報が、それから何度も聞くようになったことで、それが本当のように聞こえてきたという経験がありませんか？

このように、**何度も聞いていると真実に思えてくるという現象を「真実性の錯覚」**と言います。毎日テレビや新聞、ネットニュースや雑誌を見ているうちに、みんなが「それは本当のことだ」と思ってしまうのです。

たとえば「ウクライナの支援疲れ」について、言われることがあります。

2022年、ロシアに侵攻されたウクライナを支援していた西側の諸国が、長引く戦争に嫌気がさして、各国の国民が支援をやめるように主張し始めているといったような意味です。これは本当でしょうか？

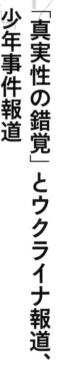

「支援疲れ」の中身がはっきりしないといけませんが、これが何かについては、各国や市民が支援を止めるように言い始める、ということが言葉の印象から考えられます。

ほかに、市民がウクライナへの経済的・物質的支援を支持する率が低下すること、各国の議会がウクライナへの経済的・物質的支援をおこなう議案に賛成する回数やスピードが落ちること、各国の首脳がウクライナへの経済的・物質的支援を決断しないことや先延ばしすることなど、いろいろな意味で使われる可能性があるようです。

それだけ曖昧な意味で使われている用語なので、内容の検証も難しくなってきます。日本国内の報道では、たとえば「ウクライナを一貫して支援してきたアメリカは、議会内の党派の対立で支援のための予算承認のめどが立っていないほか、EUはハンガリーの反対で資金支援の協議をまとめることができず、欧米の『支援疲れ』も指摘されています。」（NHK2024年1月1日）のように、各国の支援の政治的決定の過程に時間が掛かっていることを「支援疲れ」と呼ぶ例もあります。

ただ、決定の政治的過程に関する情報へのアクセスは、外部者にとっては難しいですし、政治過程で生じた事実に対する評価は主観的なものなので、政治過程で「支援疲れ」と言えるかどうか検証するのは、なかなか難しいことになります。

そこで、ここでは比較的検証しやすいように、各国の市民がウクライナへの経済的・軍事的支援への①支持をしなくなること、②支持を減らすことと考えて、世論調査のデータを見てみましょう。

これは「支援疲れ」という言葉の印象が「疲れたからもう支援はやめよう」ということを言っているように聞こえるからです。

このテーマに関しては、EU議会が2024年2月に世論調査の結果を公開しています。これはEU域内とアメリカの、2023年12月から2023年2月21日までの世論調査の結果をまとめた報告書で、引用元への直リンクが含まれています。

それによると、ウクライナへの経済的支援については、72%のEU市民が支持していました。軍事的支援については55%の賛成でした。最も少ないイタリアが40%、最も高いポーランドが73%となっています。2022年の戦争開始当初からの減少幅は、経済的支援が9%、軍事的支援が8%となっています。

この評価として、EUの世論調査の報告書では「ウクライナへの武器供与について全体的な支持はあるものの、時間の経過と共に支持のわずかな減少が観察されている」としています。

一方、アメリカの世論調査については、22%が軍事支援を増やすべき、28%が減らすべき、27%が維持すべきとの回答でした。アメリカにおける別の調査では、31%が支援しすぎ、29%がちょうどいい量の支援をしている、18%が支援が不足していると回答していました。

ただ、事態は複雑ですし、ヨーロッパとアメリカはそれぞれ独立国家や州の集まりであり、一枚岩ではありません。

以上の世論調査の結果からすると、ヨーロッパでは7割強が経済的支援を、5割強が軍事的支援を支持していて、その割合は開始当初から8〜9%減っていること、アメリカでは半数弱（47%〜49%）が軍事的支援を支持していることが示されています。

この結果からすると、①の意味での支援疲れにはまだ達していないようです。その一方で、時間の経過と共に支持は減少したということでは②は正しいようです。

したがって「支援疲れ」という言葉は、市民の支持に関していうと、当たっているところもあり、そうでないところもあり、英語で言うhalf-truthというのが妥当なところでしょうか。

見出しのように短く要約された言葉の印象では「支援疲れ」というと、多数派が「もうやめよう」と言っているような感じを受けますが、世論調査の結果を見てみると、実態はそれほどではなさそうであり、現状は支持する市民が多数派のようです。

しかし、支持する市民の率は下がる傾向にあり、その意味で「支援疲れ」という言葉は当たっているということになります。

このように、より近い一次情報に当たってみると、事態が思ったほど単純でもなく、また一言で全体の事実を言い当てることは難しいことがわかります。

しかし、わかりやすく単純な言葉が繰り返されると、それ自体が事実であるような印象が強くなってきます。事実と異なる部分についても、それが本当であると感じられるようになってくる点が、真実性の錯覚と言えそうです。

しかし、これが日本における報道では、解説の中で新聞の見出しが事実と混同されることがあります。そのような解説には騙されないでください。

メディアは無自覚的に嘘をつく？

少し前になりますが、凶悪な少年犯罪が繰り返し報道され、世間の不安が高まっていた時期がありました。

そういった影響もあってか18歳、19歳の少年の犯罪について厳罰化する内容の改正少年法が、2022年4月1日から施行されるようになりました。

しかし、実際には、1983年ごろから2021年ごろまで、少年犯罪は減少してきました。犯罪白書によると、少年の検挙人数は、1946年以降、1950年と1964年ごろに山を作りながら増加傾向を続け、1983年に30万人ほどでピークを迎えて、その後減少に転じました。

1998年ごろに20万人ほどまで減ったところで、減少傾向が落ち着き、その後再び2003年ごろから減少傾向が続くようになり、2021年まで減少し、約3万人弱となりました。2022年はやや増加しましたが、3万人弱を維持しています。

以上の傾向からすると、2022年の改正少年法のための議論がおこなわれていた平成後半から令和初めの時期、少年犯罪はちょうど一貫して減少傾向でした。

2016年において、メディアの作るイメージでは、少年犯罪は増加していて、凶悪化しているということになりますが、それが誤解であると指摘されています。少年事件に関するこのような誤解は、2020年代になっても訂正されなかったようです。

今は昭和時代と違って、ネットを検索すると、犯罪白書などをはじめ、より一次情報に近い情報にいつでもアクセスできます。そして、犯罪白書を確認すると、少年事件が減っていることがわかります。

しかし、私たちは、世の中のすべての情報の所在を把握し、日々検索してその内容まで把握することは、時間的に困難です。そのため、私たちが知っておくべき世の中の情報を選択し、上手に要約して教えてくれるマスメディアの役割は、今でも大きいと言えます。

そして、大きな影響力を持つマスコミ報道において、繰り返し述べられることは、私たちのイメージに対して大きな影響を与えます。異なった会社で類似のことがくり返し報道されると、それがますます本当であると感じられます。

少年事件の検挙人数のように、ネット検索で元の情報にすぐ当たれることについては、メディアで情報を得た後は、読者の私たちも確認のために調べてみるようにしたいものです。

「サンクコスト効果」による損切りの失敗を防げ

合理的に考えて官僚組織とは真逆のチームを作る

サンクコスト効果の話を聞いたことがある方は多いでしょう。

すでに払ってしまい、もう取り戻せない費用のことをサンクコスト（埋没費用）と言いますが、そのため「もったいない」という心理が働き、合理的な判断ができなくなるバイアスをサンクコスト効果と言います。

サンクコスト効果に囚われると、いわゆる損切りができなくなります。つまり、すでに投じたコストが気になって、必要なときに撤退ができなくなるのです。

サンクコスト効果の対策は「もしこれまで投じたコストがまったくなかった場合、今からやるかどうか？」と考えることです。

心理的にはなかなか難しいですが、サンクコストのネガティブな効果は、すでに払ってしまったコストで判断が歪むことです。そこで、今までの費用がなかったものとして判断すると、合理的な判断に近づきます。

たとえば、新商品を発売するには、研究開発費、製造コスト、広告宣伝費が掛かります。そして、思ったほど売上が芳しくない場合、製造・販売を中止するかどうかの判断を迫られます。そのときに「これまで投じたコストがなかったら、製造・販売をするかどうか？」と判断するのです。

サンクコスト効果は、コンコルド効果とも言われています。

主に1970年代、イギリスとフランスが共同開発した超音速旅客機「コンコルド」は、マッハ2の速度でパリ－ニューヨーク間を約3時間で飛行できました。

ところが、このコンコルドには、騒音や燃費の悪さ、収容定員の問題などがあり、開発段階からすでに採算が取れないことが判明していたのです。

そこで開発を中止すればよかったのですが、すでに多額のサンクコストが生じていたために開発を続行し、就航したものの最終的には開発費を上回る赤字となりました。

飛行機開発のようなビッグプロジェクトで、しかも何社かが入り組んでいるケースでは、官僚のようなシステムと化してサンクコスト効果が生じやすいと言えます。

このようなプロジェクトでは、各社から出向してくる担当者が頻繁に代わります。2年で異動となるのであれば、プロジェクトを中止して最終的な責任を持つのは誰しもイヤです。

もしプロジェクトの中止を決断したら、まわりから「あれだけ手間暇と金を掛けたプロジェクトを潰した」と非難されます。

それなら、とりあえず表面だけ取り繕って引き続き開発をしておき、曖昧な状態のままにして適当に次に繋ぐのが、個人の安全策としてはベストです。

ただ、もちろんそれは部分最適で、全体最適としては、ある程度のところでスパッと損切りするのがよいことになります。こういうときこそワンマン社長の出番と言えます。それが合同プロジェクトであれば「うちは手を引かせていただきます」と決断することが期待されます。

官僚組織は腐敗を防ぐために頻繁な人事異動があり、法律に基づく行政をするために組織的に決定します。それが裏目に出ると、決定者（責任者）が不在になり、自分の任期だけ無事であればいいという行動を誘発します。

したがって、組織のサンクコスト効果の対策としては、たとえばプロジェクトの決定者（責任者）を決め、チームのメンバーを固定化することが考えられます。

この方法で、部分最適と全体最適を近づけることが可能です。もちろん、これは万能の対策ではありません。数十年にわたる長期のプロジェクトでは、やはり人の入れ替わりは発生します。

また、メンバーを固定することの弊害として、取引先との癒着や、うまくいかなくなってきたときに、実際よりプロジェクトがうまくいっているように報告するインセンティブが働くことなどがあります。

このように、頻繁な交代のメリットが失われますので、時々新しい人を入れたりしてチェックすることなどの対策が必要になってきます。

「透明性の錯誤」に囚われず堂々と振る舞う

嘘が見抜かれる可能性は50％前後

心理学の研究で、嘘を見抜くという一分野があるのですが、じつは研究成果としては、すでに**「嘘は見抜けない」**という方向で多くの研究の結果が示されています。

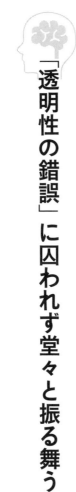

「嘘はこのようにしたら見抜ける」ということで、世間でよく言われることに、「目をそらしたら嘘をついている」「身体を右に／左に傾けたら嘘をついている」などと言ったことがありますが、嘘をつくかどうかと、このような身体的動作には関連がないようです。

人は嘘をついているときと、本当のことを言っているときで異なる行動をするかについて、158個の手がかりと嘘をつく行動の関係を調べた研究をまとめて分析した結果（メタ分析）、多くの行動と嘘のあいだには、まったく関係がないか、弱い関係しか見られませんでした。

この研究で、嘘をついているかどうかと関連が見られたのは、言葉や声がすぐに出てこないこと、内容の矛盾・内容の詳細がないこと、言葉や声が曖昧か、全体的に緊張しているか、声の緊張度・話の論理的構造が少ないこと、説得性が少ないこと、声のピッチ、否定的な発言内容、言葉や声が他人事のようであることといったものでした。

こういった指標は、全体的に話している人を観察してわかることで、特定の動作があればすぐに嘘をついているとは言えないことがわかります。

では、こういった手がかりから嘘を見抜けるのでしょうか。１０７個の研究をまとめて分析した研究では、専門家が嘘を見抜く確率は55・91％、一般の人が嘘を見抜く確率は54・27％で、50％と変わらないと評価されています。つまり、コイントスをして嘘かどうかをいうのと変わらないという意味で、嘘を見抜けないのです。

また、１４４の研究を統合した分析では、嘘をついた人の性別や年齢、嘘をつく動機づけの強さ、独白か面接か相互作用か、対面か否か、強い感情があるかどうか、話の内容が感情か事実か、といった要因で嘘の見抜きやすさに差は見られませんでした。

それなのに、なぜか**「自分の内心はほかの人から見えている」と実際以上に思い込む認知バイアスを「透明性の錯誤」**と言います。実際にはこのように、他人から内心が見えることはほとんどありませんし、嘘も見抜けません。

もしかすると、リーダーであれば、人間関係をスムーズにいかせるために、小さな嘘をつく必要があるかもしれません。そのときに透明性の錯誤があると、内心、目の前の人にバレているように感じられるかもしれません。しかし、実際には、人間はほかの人の嘘を見抜くことはなかなかできません。

だからといって、どんどん嘘をつくことは推奨できません。倫理的な観点だけでなく、実用上の理由としては、嘘をついた後でさまざまな話の内容を矛盾なく保っておくことは難しいからです。

見抜く側に立ったらメモを取って備える

話していることをすべて文字起こしして、言っていることに矛盾している点があるかをチェックすると、嘘を見抜く確率が75%ぐらいに上がるそうです。

したがって、嘘をつく側としては話の内容が矛盾しないように、一度嘘をついたらずっと覚えていなければなりません。

一方、嘘を見抜く側としては、相手が話していることをメモして、そのあいだに矛盾がないかどうかを検証するとよいということになります。

人の記憶の正確さには限界がありますし、たくさん嘘をつくと、それだけ矛盾しないように覚えておかねばならないことが増えます。そういう意味でも、嘘はなるべく避けたほうがよいと言えそうです。

相手を騙すための意図的な話という意味での嘘ではないですが、事実と違いそうなことを発言しているということで、次のような例があったということです。

かつて「自分は他人の前世が見抜ける」というゲストと対峙したテレビ番組の司会者が、観覧席に座っていた方々を指して「あの人の前世は誰？」というふうに、次々と尋ねていきました。

ゲストは淀《よど》みなく答えていったのですが、司会者が前に指した人に戻って「あの人の前世は誰だっけ？」と聞いたら、そのゲストはもう答えられなかったそうです。

このように、人の記憶には限界があるので、もし見えていなかったものを見えたと言っていたとすると、話のつじつまを合わせることが難しくなっていきます。

このテレビの司会者は、台本があったのかはわかりませんが、相手の話の内容の矛盾を突くというよりは、本当に見えているのならば楽に繰り返し本当のことが答えられるはずのことを尋ねるという方法を採りました。それは、この状況ではとても有効な方法であったと言えます。

一方で、私たちが生活で直面する嘘は、かつてのできごとについて語っている人が、本当のことを言っているのかどうかということが多いでしょう。つまり、記憶に基づいて語っている人が、本当のことを言っているかどうかを判断するということです。

その場合、先ほどのテレビの例と違うのは、人が記憶に基づいて話すときは、本当に体験した人であっても記憶が薄まっていたり、矛盾した記憶を持ったりしていることがあることです。

これは、記憶がビデオカメラのように、事実をそのまま記録するものではなく、記憶する人それぞれが自分なりに事実を要約して変換した「記憶表象」を、頭に取っておくというのが記憶の仕組みなので、仕方ないことです。

このようなことがあるので、本当のことを言っている人も嘘をついている人も、記憶に基づいて話をしているという状況では、それぞれ矛盾した話をしたり曖昧な表現になったりすることが考えられます。とくに、時間が経過したことを話すときには、記憶が薄れていたり、ほかの記憶と混ざったりしている可能性があるのでなおさらです。

そういったことがあるので、嘘を見抜くのがますます難しくなります。

このように、嘘を見抜く側に立ってもなかなか難しいので、相手が嘘を話していると判断する際には慎重になる必要があります。そのような中でも、話の内容から判断するというのが、ほかの方法に比べてよい方法というのが、これまでの研究でわかったことと言えます。

「平均以上効果」の足枷を外してあげよう

「俺はまだ本気出していないだけ」に現実を！

リーダーの悩みの一つに、日本の労働法が強すぎて、それなりに理由のある従業員でもなかなか解雇できないというものがあります。

会社で働いている人は会社の給料で生計を立てており、解雇されると生活基盤を失ってしまうので解雇規制は必要な面があります。その一方で、会社にとって合わない人でも、なかなか次のステージに移っていってもらえないという点で、リーダーにとっては難しい問題となっています。

そのようなとき、会社と合わないと思われる人も同じ認識であればまだしも、「自分は本来上位の能力を持っているのだけど、本気出していないだけ」という認識であると、話はややこしくなります。

このように考えることは「平均以上効果」と呼ばれ、人間が普通に持っているバイアスです。そのため、リーダーから見た評価と、その人の自分での認識が違っていても、おかしいことではありません。

とはいえ、リーダーとしては査定も仕事の一部であり、時には厳しく現実を示す必要があるかもしれません。

そのときに有効なのが、客観的に測定した数字を示すことです。以前お話ししたように、客観的に測定した数字は作ることが困難です。そして、平均以上効果は、曖昧でポジティブで客観的な数字で示せないようなことについて発揮されます。

たとえば「足が速い」と思っていても、100メートルを何秒で走れるかをきちんと測定すれば、自分の足の速さが平均以上かどうかはわかってしまいます。

これと同様に、**会社であれば営業成績や企画の提出本数など、客観的に測定した数字を見せることで、パフォーマンスについての自覚を促すと「平均以上効果」の足枷を外していくことが可能となります。**

それで対象のメンバーが発憤して、パフォーマンスがよくなれば、それで問題解決にもなります。解雇を本当にするとなると、さまざまなリスクもあり、気をつけることも多いので、このように解決できればそれに越したことはありません。

自分の能力に限らず、「普通」や平均がどのくらいかを知ることは、客観的に測定した数字を見ない限り、なかなか難しいものです。

よく世間で婚活関係の話で逸話として言われるのが、結婚相談所に登録して結婚相手を探しているのだけれど、「普通の人でいいのに見つからない」という人の話です。「普通の人」というので、どのような人なのか聞いてみると、たとえば「年収は600万円以上」と回答したりするという話です。

これはとても「普通」とは言えません。「普通」が平均であるとすると、厚生労働省の令和4年度の賃金構造基本統計調査によると、男性30〜34歳の平均賃金は正社員で年間302万円、それ以外で234万円、女性はそれぞれ264万円、202万円です。

この統計からすると、600万円というのは平均の人の倍以上ということになります。賃金が年600万円以上の人は、男性では上位6・5%、女性では上位1・3%であり、とても「普通」とは言えません。

平均以上効果というのは、曖昧な特性でよいものについて、自分を平均以上であると認識することですが、世の中一般の平均とは何かということも認識することはなかなか難しいようです。

何が平均かを認識するには、ここで示したように統計の数字を持ってくるとよいでしょう。信頼できる数字は何かについては気をつける必要がありますが、頭の中で何となく「平均はこれくらい」「普通はこれくらい」「自分は平均以上」という考えが本当かどうかが検証できます。

本書で数字を作るという話題を採り上げましたが、これらの統計は価値のある数字と言えます（それだけに、統計の数字がおかしくなると大問題になるのですが）。

「利用可能性ヒューリスティックス」で原因分析が不足する

「なぜモノが売れなくなったのか」を解明できない謎

ビジネスで何か問題が起きたとき、リーダーはその原因を考えて対処することを迫られます。その原因を考えるときに、よく見る理由や概念を持ってきて説明してしまうことがあるかもしれません。

リーダーであれば、勉強のためにさまざまな情報を取り入れているでしょう。経済新聞や経済雑誌など、世の中を見通して、先の予想をするために参考になる質の高い情報がいろいろとあります。

しかし、いろいろと勉強しているがゆえに、その情報が頭に入っていることで、かえって足枷になってしまうことがあります。その一つが「利用可能性ヒューリスティックス」です。

たとえば、売上が芳しくない場合に、マスメディアで不況が報道されていれば「今は不況だから」と思い浮かんでしまいます。

この本を書くときに、編集者さんに一緒にブレインストーミングをしていただきましたが、出版業界では「現代人の活字離れ」ということがよく言われるそうです。そのような議論が頭にあれば、出版売上がなかなか伸びないときは「現代人の活字離れ」だから、という説明が頭に浮かびます。

これらの説明は、客観的にそれが妥当だからということよりも、たまたま頭の中に入っていて、すぐに取り出せるところにあるから、ということによるでしょう。

それを仮説として、データを使って本当かどうか検証していき、仮説を修正するという考え方であれば問題とはなりません。しかし、**最初に頭に浮かんだ理由が本当であると思い、それ以外を考えないようであれば、利用可能性ヒューリスティックスがリーダーの原因分析を妨げてしまう**ことになります。

たとえば「現代人の活字離れ」であれば、「現代人はYouTubeなどの動画メディアが手のひらの中にあるから」と、その仮説を証明してくれる事情が目に留まるようになります。これは確証バイアスです。

利用可能性ヒューリスティックス＋確証バイアスで、自分の頭の中の取り出しやすいところにある概念で事態を説明し、その理由は確かにあると考えるようになると、ビジネスにおける問題解決が遠のく可能性があります。

それは、事態の原因を探るというよりも、自分の知っている概念で事態に説明をつけることになってしまうのです。

また、**会議で原因究明をおこなうことも多いですが、集団意思決定の研究からは、集団で話すときは、多くのメンバーが共通して知っている話題ほど話し合いの場に出てきやすく、長い時間話し合われやすいという傾向がある**ことが知られています。

たとえば6人で話し合いをするときに、1人しか知らない情報よりも、5人が知っている情報のほうが話し合いに出やすく、またその情報について話される時間が長くなるのです。

ビジネスをする人であれば、常に世間と世界の動向を追いかけなくてはなりませんから、メディアで報道された大きな話題は、話し合いに参加した人の多くが知る話題となります。

もし「現代人の活字離れ」がメディアで繰り返し報道されていれば、メンバーの多数が知っていて、なおかつ利用可能性ヒューリスティックスが働いて話し合いの場に出てきやすくなります。そしてさらに、その話題について長く話すことになります。

そのようになれば、せっかく「三人寄れば文殊の智恵」を期待して話し合ったのに、出てきやすい話題を長く話して原因究明は進まなかった、ということにもなり得ます。

どうして本が売れないの？

出版社の営業マンの例で言うと、本が売れない理由を「書店に人が集まらなくなったからだ」と言っていたとします。

そうすると「○○書店も閉店した」「書店全体で集客が前年比何％落ちた」「書店の売り場面積も減っている」などと、自分の見方に合う情報を持ち寄ってきてしまいます。

これは、私たちには確証バイアスがあるため、ある意味必然的なことと言えます。そして、有能な営業マンであれば、集めてきたそれぞれの議論は事実に基づいたものでしょう。

しかし、原因を究明して、ビジネス上の苦境の打開策を見いだすという意味では、期待外れに終わる可能性があります。

出版社の立場としては、出版社にできること、出版社のメンバーの行動を変えることで、売上の向上または維持をしていきたいわけですが、自分たちに対処できない、書店に人が集まるかどうかが原因であるということになると、打つ手はなくなるからです。

このように見ていくと、利用可能性ヒューリスティックスと確証バイアスで、説明としては理解できるものであっても、本来のビジネス上の意味というものはなくなります。

この二つのバイアスが組み合わさったときには、組織の問題解決を妨げます。リーダーは、私たちが複数のバイアスに囚われそうなときがあることを知り、ビジネス上の問題解決を適切に進められるよう、会議の話題設定や進行に気をつけていきましょう。

第5章

バイアスや錯誤を把握して、ベターな問題解決を

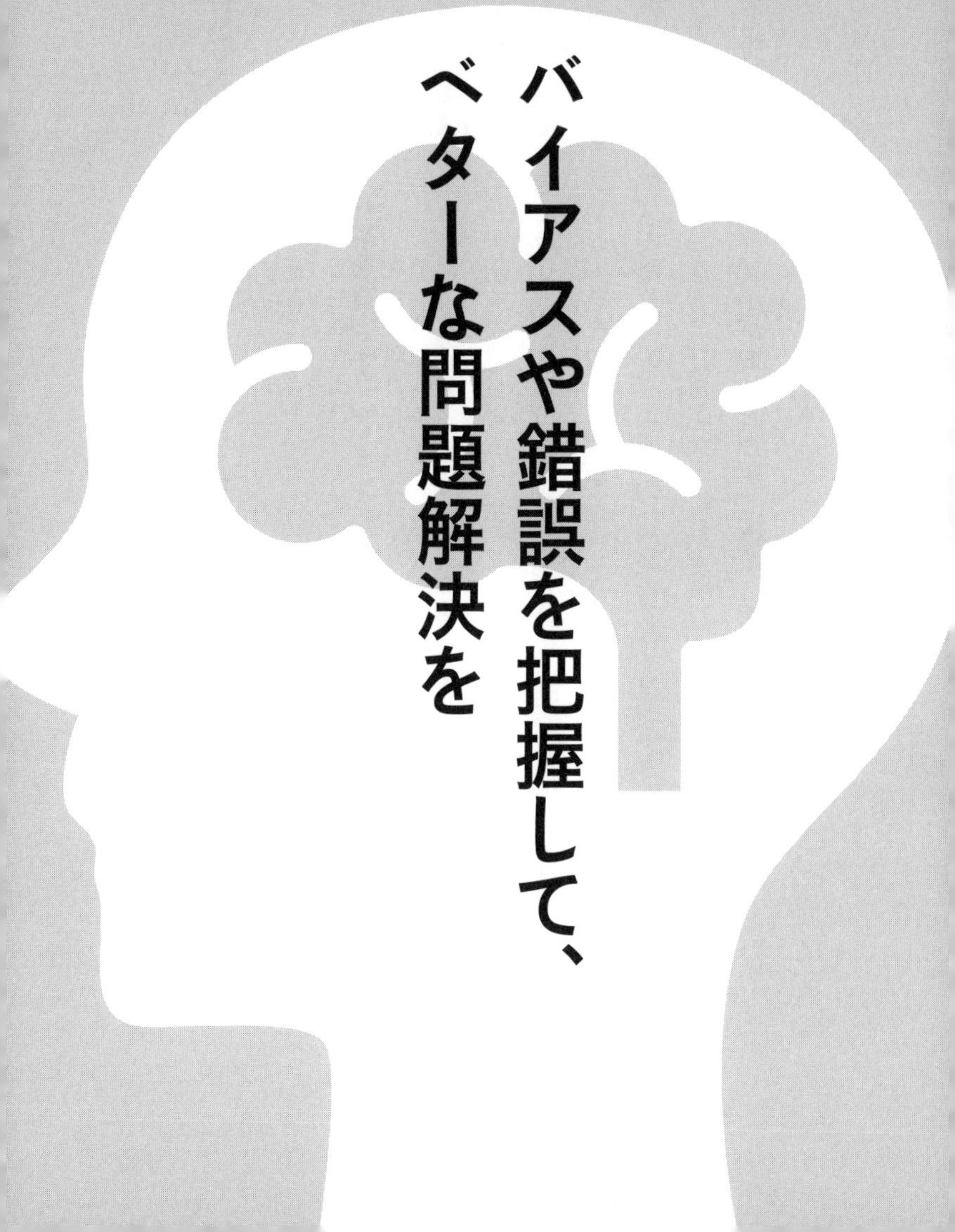

解決策よりも問題の領域設定に時間を割く

「1時間のうち55分を費やす」アインシュタイン

ビジネスが順風満帆に行くことはなく、どこかで何かしらの問題やトラブルが起こります。そのとき、早めに原因を突き止めて、適切に処理すれば、損害が出ても最小限で済ませることができるでしょう。その分だけ挽回《ばんかい》する余地も多く残されます。

これまで、バイアスが原因となって不祥事にまで発展したケースや、そうなってしまう可能性、またバイアスでなくても、集団意思決定を妨げる現象などをご紹介してきました。そのようになってしまうと、なかなか対策を取るのが難しくなります。

何か不都合な問題やトラブルが生じたとき、適切に応じることが必要です。隠蔽《いんぺい》しようとしたり、過少あるいは過大に見積もったり、見なかった振りをしたり、部下に押しつけたりすると事態が大きくなります。

何か問題を解決しようとするときには、問題解決に注意が行って忘れがちですが、問題をどのように設定するか、そしてその前に問題の領域をどのように設定するかはとても大事です。

さまざまな言い方がされますが、アインシュタインは、かつて次のように言ったという伝説が残っています。

「私に、世界を救うための時間が1時間だけ与えられたとしたら、最初の55分を何が問題かを発見するために費やし、残りの5分でその問題を解決するだろう」

実際にアインシュタインがこの通りに言ったかはともかく（本当に5分だけで問題を解決できるかもわかりませんし）、この言葉は問題設定の重要さを強調している言葉として受け止めておきましょう。

そして問題を設定するには、どの領域で問題を立てるかという、問題設定のための問題設定が重要になります。いわば「メタ問題設定」です。

たとえば「転職して引っ越しもしよう」と決断したとします。前回の転職でも、同じタイミングで引っ越していたのです。

引っ越すなら、まずは場所、さらにどういう物件に引っ越したいかを考えるでしょう。いろいろな情報を見て、比較検討すると思います。しかし、住んでいる場所や部屋に不満があるわけではありません。そもそも、なぜ転職をするのでしょうか？

給料に不満があったのか、人間関係に悩んでいたのか、仕事内容が合っていなかったのか、いろいろあると思いますが、これらの解消方法は転職以外にないのでしょうか？

現状に留まって問題を解決できるようであれば、まずはそこから取り組むべきです。無理に転職しても、また同じ問題に直面する可能性があります。どこに転職するかを考える前に、そもそも転職が最大の解決策なのかを検討する必要があるのです。

人間関係で悩んでいるのだとしたら、上司や人事に相談することで解決できるかもしれません。そこまでして解決しなかったとき、初めて「転職する」という決断を下すことも十分合理的です。

このように、問題の真因は何かということを考えていくときに、どのような領域で問題を設定するかが、大事になってきます。

問題がやってくると、すぐ解決を考えたくなります。実際に、領域を考えるまでもないことや、すぐに解決しないと危機的状況になる場合は、すぐに解決に取り組んでいくとよいでしょう。しかし、今の例のように、よく考えていくと問題の本質は別のところにあったことに気づくこともあります。それは、どの領域（引越先の物件選択／会社の人間関係の解決など）で考えるかを検討したためにわかったことと言えます。

このように、問題の領域を考えることは、大事な問題であるほど重要になってくるでしょう。

こうして「安易な意思決定」に至る

問題の領域を設定することに思い至らず、目の前に問題として表れた（と思うこと）に対処しようとしてばかりいると、事態がうまくいかなくなることもあるでしょう。

先ほどの転職の例であれば、「物件選択でうまく行くには？」ということを考えて、会社における働き方や人間関係の問題に気づくことが遅れるかもしれません。

本当の問題が会社の中の問題であるということを理解した上で、たとえばその人間関係から離れるために転職する、そのために引越先の物件選択をするということであれば真の解決に近づくでしょう。

会社で新規事業を立ち上げるということで話し合いをする場合、「なぜそれをやるのか」という理由について検討されますが、「なぜそれをやるのか」をどのように問うかが重要になってきます。


「なぜそれをやるのか」の回答が、たとえば「売上を増やすため」だったとします。そのときに「なぜそれをやるのか」をさらに問うと、「利益を増やしたいから」「会社の現金を増やしたいから」などの背後にある理由が浮かび上がってきます。

そして「利益を増やしたい」という回答が本当であれば、コストカットや既存商品の値上げなど、ほかにできる方法についても考えていくことになります。現金を増やしたいのであれば、直接的に資金調達のほうがよいかもしれません。

このように考えていくときに、真の問題の領域の設定がおこなわれていきます。

これはよく「なぜを連続5回問うとよい」という形で定式化されています。この仕組みがなぜ機能するのかというと、5回連続で「なぜ?」を問うと、問題設定のための問題設定、つまりメタ問題設定にまで至れることが多いからでしょう。

それだけ、問題の領域の設定は重要です。

「ミッション」から考えれば問いも答えも迷わない

十分検討した上で、新しいビジネスを始めようとなったとき、そのビジネスが会社のミッション（Mission）に合っているかを検討することも大事です。

ミッションとは、会社に与えられた使命のことです。キリスト教の文脈において伝道の意味で用いられました。そのため、神や社会など、大きな他の存在から求められて達成していく目標といったような意味で使われます。

ヨーロッパ的な考え方では、キリスト教を背景として、人の職業は神の召命（calling, Beruf：呼ばれること）であると考える思想がありますが、それと共通する考え方です。

そのため、ミッションは作ると言うより、見いだすといったほうが適切かもしれません。自分や自社に対して、社会などの大きなほかの存在がどんな呼びかけをしているのか、求められている目標は何であり、それに向かっていくための行動は何であろうかと考えることで見いだしていくのです。

これは純粋に世間から求められている作業、というよりは、倫理的・人間的にも意味のある仕事、ということになるかと思います。

それを前提に、その仕事を通じてどのような状況を作っていきたいのか、そしてその状況を作るには現実世界において行動することが必要ですが、行動の選択基準はどうなるのか、という順番に話が進んでいきます。

もうお気づきの方も多いと思いますが、ミッション・ビジョン・バリュー（MVV）のことです。ミッションの次には、仕事した先にどんな状況が見える（vision）のか、そしてそれを実現する行動を取る際の価値基準（values）を検討するということですね。

これは、著名な経営学者のピーター・ドラッカーが『マネージング・イン・ザ・ネクスト・ソサイエティ』で示した考え方とされています。

何かの活動や事業を始めるときには「なぜ自分がこの問題に取り組むのか」「自分は何のためにこの問題を解決するのか」と考えることになりますが、そのときにミッションから考える、つまり**「自分に与えられた使命は何で、その使命との関連で言うと、この問題を解決することに貢献する必要がある」というふうに説明できると、首尾一貫し**

た考え方を持てるようになります。

それに対して「なぜそれをやるのか」に「お金のため」という回答しかなかったら（もちろん、本当にお金が必要な状態ではそれが最優先ですが）事業が方向性を失って迷走するおそれも出てきます。

このように、問いに対する答えを用意するときは、「自分はどんな使命を遂行するために、どんな召命に応えるためにやっているのか」という視点から考えると、本書で問題になった状況に立ち至ったときにも、自分たちがどのような行動をその状況の中で選んでいくべきか、明確になっていくのではないでしょうか。

そのようなことがあるので、ＭＶＶは広く支持され、今日もまたどこかの会社でこれについて議論され、あるいは会社の中で共有されていっているのでしょう。

以上の考え方からすると、ビジネスで起こった問題を解決するときに話し合いをするときも「自分たちはなぜこのビジネスをしているのか」ということについて、「自分たちが社会などの大きな存在から求められている役割は何か」ということに対して答えることを念頭に置いていると、ぶれずに答えを探していくことができるでしょう。

「メタ認知」を得て最適な問いを設定しよう

会社には当事者と巻き込まれた者しかいない？

問題解決にあたっての問題の領域の設定の重要性についてお話ししましたが、問題の領域の設定のためには、俯瞰《ふかん》して見ることが大事です。

つまり、**問題の当事者でありつつも、問題そのものに巻き込まれすぎないで、少し離れた視点から見る**のです。ちょっと矛盾しているようにも感じられますが、問題に巻き込まれている当事者としての自分がいて、その自分の背後の少し上から眺める自分がいるようなイメージです。

自分が完全に問題に巻き込まれたり、社歴が長くなって自分を少し上から、あるいは一歩引いて眺めることが難しくなると、問題の領域の設定を改めておこなうことが難しくなっていきます。

たとえば「うちはこうやってきたから、今後もこの方法でいくべきだ」という自然主義的誤謬のお話を第1章でご紹介しました。

また、第2章では「まわりの人が同じように行動しているし、社長の意向はどうやらそれらしいから、自分もまわりの人の行動に合わせておこう」と考える同調バイアスの話をしました。

そして、そういった考え方や行動を取ることで、社内でうまくいった場合、その考え方や行動がよいものであるという感覚が育ちます。それ自体が、やがて自然主義的誤謬をまた生んでいくかもしれません。

このようなことが積み重なると、会社の中で自分の行動を少し上から眺めることが難しくなっていきます。

また、新規事業を提案した人は、その事業への思い入れが強く、その事業について自分の少し上から状況を眺めるという視点に立つことは、ほかの人よりも難しくなっていきます。

そうすると、事業にいちばん近い人は、一歩引いて眺めることが難しくなるので、いちばん近くない人が新鮮な目でその事業を眺め、よいところとおかしなところを指摘することが必要になってきます。

それが社内のメンバーだけでは「一歩引く」が十分でないときは、社外の人に何歩も引いた視点から状況を眺めてもらうことが必要になるかもしれません。

一歩引いて眺めることは、メタ認知と呼べます。メタ認知とは、心理学用語では認知に関する認知です。たとえば、メタ記憶といえば記憶に関する記憶のことであり「この記憶はどこから来たものか」ということに関する記憶のことを言います。

新入社員は、まだ会社の当事者とは言えない、新鮮な視点を持っています。そのため、組織のあり方を一歩引いて眺めることができます。

もちろん、新入社員は仕事のやり方やスキルや知識は十分ではないので、会社のメンバーとしてまだ十分でないところがあります。

その一方で、半分まだ外部者的な視点がありますので、その視点から見て、社内の慣習や業務の方法がどのように見えるかを、新入社員から聞き取っておくのは、一歩引いて眺めるという視点からはよいことだと言えます。

エジソンですらメタ認知に至れなかった

地域振興に必要な人材は、よく「よそ者、若者、バカ者」と言われます。

この標語的な言葉の「よそ者」で指摘されているのは、一歩引いて眺めることの重要性です。

これがなぜ重要かというと、会社の組織と同じように、その地域でずっと暮らしていると、その地域の活動の当事者として十分に巻き込まれすぎてしまい、ほかの地域の人から見たその地域独自のよさとは何かが、なかなかわからなくなるからです。

地域の話とは少し違いますが、エジソンは自分が発明した蓄音機を売り出すときに、外部者の視点が必要だったという逸話があります。

エジソンは、この機械を発明した当初、「打ち合わせや会議などを録音できるビジネス機器」として売り出そうとしました。そのような売り出し方で売れなかったとき、「この機械に音楽を録音して再生しては？」と進言した人がいたとのことです。

そして、これまでの「ビジネス機器」という位置づけから「オーディオ機器」という位置づけに変更された結果、歴史に残る大発明となりました（弓削徹著『即買いされる技術』秀和システム）。

発明の天才であっても、自分が発明した機械については当事者として巻き込まれているため、その機械の使用価値がどこにあるかについて、一歩引いて眺めることがなかなか難しかったということが言えます。

これは私についても言えて、今回このような書籍を出させていただいていますが、それは編集者さんが、私の持っている知識がどのような読者の方にとって、どのように価値があるかを把握してくださったからです。

私の持っている知識を一歩引いて眺めて、どなたに届けると大きな価値を生むのか。それについて理解し、企画することは、私自身にはとても難しいです。だからこそ、それをおこなう専門の編集者という仕事が必要になるのです。

リーダーは、自分の置かれている当事者の立場から一歩引いて、自分とチームの状況を把握し、確認していきましょう。リーダーはメンバーよりも俯瞰して眺めるのに有利な立場にあります。

とはいえ、チームでおこなっているビジネスについては当事者ですし、さらには発案者かもしれません。さらに、トラブルに巻き込まれれば、当事者の立場から一歩引いてといったことは難しくなります。

ですので、リーダーは自分とチームが取り組むべきことを、よそ者の視点から、ミッションに照らし合わせて確認し、バリューに沿って選択していきましょう。その先にビジョンが実現することを信じて。

問題解決のポイント①分析単位を揃えよう

せっかくの良質な問題定義が水泡に帰す

メタ認知の観点から問題の領域を設定できたら、次は解決策を講じるわけですが、その際に注意したい五つのポイントをご紹介しましょう。

問題の領域を設定した後は、まず分析単位を揃える必要があります。

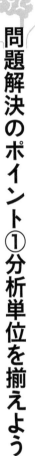

第3章では、マクロの問題をミクロ的に解決しようとする分析単位の誤謬を紹介しましたが、こうなることを避ける必要があります。**似たような現象は、個人レベルでも組織レベルでもいろいろなところで起きています。**

たとえば、ある夫婦が、自分たちの老後の資金について問題の領域を設定し、将来的に資金が足りなくなる可能性を否定できなかったとします。さらに、この先、転職がうまくいくかもわからないので、投資で増やそうという判断を下しました。

その方法として、不動産の投資を考えたとしましょう。まずは投資先となる収益物件をどうするか検討することになります。**ここで「これからは人口が減少していくから東京だ」と判断したとして、では東京の物件を買ったら必ず得するのでしょうか？**

一方、地方に目を移すと、人口は減っています。東京は日本の首都ですし、人口も少しずつですが増えています。

そこで、収益物件を買うとき、大きな財産を持たない個人が買う物件は、1棟4～20室くらいのアパートになるでしょう。一気に10棟は買えません。一つか二つの物件を買い、その物件にお客様がついて入居してくれるかどうかが死活問題なのです。

つまり、東京か地方か、人口がどうかということは、間接的な関係しかありません。

賃貸物件というのは、駅が一つ違うだけで市場が違います。さらに、最寄駅からの徒歩5分以内か、10分以内か、15分以内かでも市場が違ってくるのです。

ここで考えなければいけない分析単位は、1棟ごとのお客様についてです。

同じ市場の中に存在するライバルよりいい物件を作れば、お客様がついて入居してくれるはずです。いくら地方の人口が減少しているからといって、賃貸物件という供給がある地方には必ず人が住んでいて、一定の需要があります。

よりミクロな賃貸需給で、需要のほうが上回っているという物件を買えば、お客様に困ることはないでしょう。

それなのに「もう地方はダメだから」と言って、すべて選択肢から排除するのは分析単位を間違っています。地方でもしっかり利益を出している物件はたくさんありますし、東京でもサッパリという物件もあります。

地方か都会か以外にも、もっと遥かに影響力の大きな変数や要因があります。分析単位を間違うことで、チャンスが失われてしまいます。

せっかく適切に問題を定義できたのですから、解決策の分析単位を揃えることを疎《おろそ》かにしてはいけません。

問題解決のポイント②慣習を特例扱いとしない

「我が社の伝統」は他人からはどう見える?

慣習の見直しもおこないましょう。定例会議や朝礼など、慣習的に続けている業務も同様です。単に廃止するという選択肢だけでなく、やり方や掛ける時間を変えるという方法もあります。

そのときに、単に変えるために変えるというよりは、自社のミッションから考えて、それを実行するのに必要かどうか、ビジョンの実現に貢献するかどうか、バリューという観点からの行動選択に合致しているか、という観点からおこなうことができれば、手間暇掛けて策定したMVVを有効に生かすことができます。

ある事務所では毎朝、新入社員が、印刷機の動作確認をする習慣がありました。

その事務所には何台か印刷機がありますが、たまに紙が詰まることがあったので、新入社員は各台の蓋をあちこち開けて、紙が詰まっていないかを確認します。蓋を開け閉めするときの「パタンパタン」という音は、事務所に響く朝の快音という趣きです。

なぜ、そんな習慣が生まれたかというと、以前、残業中に紙を詰まらせた社員が、直さずにそのまま帰ってしまうことが結構あったそうです。すると、翌朝に印刷機を使う人が困ってしまいます。

かつての部長は、紙が詰まっていると「おい新人、誰か直してくれ」と言うようになりました。それなら最初から、新入社員が毎朝チェックすればいい、ということになったのが、この慣習の始まりでした。

しかし、その後に入った部長は違っていて、誰が最後にプリントアウトしたかをきちんと調べて、個別に注意していたそうです。その結果、紙を詰まらせたまま帰るということはなくなりました。

つまり、もう印刷機の紙が詰まったまま放置されることはありません。

それなのに、新入社員が印刷機を毎朝メンテナンスするという慣習は変わらず、しか

もいつのまにか「我が社の伝統」になっていたのです。

このような伝統は、第三者から見たら効果のよくわからない「仕事」が受け継がれているように見えます。

しかし、当事者はそのような視点を持つことはなかなかできなくなります。新入社員が異を唱えても、「新入社員の仕事をやりたくないだけでは？」と受け取られると、なくすことは難しくなるでしょう。

リーダーは、もし新入社員から、この例のような仕事を続けることに異を唱えられたら、それが重要なものかどうかを見極めた上でいったん受け止め、検討していく度量の大きさを示したいものです。

問題解決のポイント③「トンネルビジョン」を知る

トンネルに入ったが最後！

トンネルに入ると、まわりが真っ暗になり、周囲に何があるかはわかりません。また、出口と入口しか見えず、ほかにどんなものがあり得るか、見ることはできなくなります。

一種の視野《しや》狭窄《きょうさく》が起きるのです。

組織内で一つの仮説が浮上したとき、その仮説に固執したことで、組織が一定の方向に突き進んでしまうという現象があります。これをトンネルビジョンと言います。

ほかの仮説については考慮せず、まるで集団でトンネルに入っていって出口まで突き進むようなイメージです。

トンネルでは、視野が狭まってトンネルの中にだけ注意が行きます。トンネル内の景色は、自分たちが固執した仮説に置き換えられますが、その中に入ればほかの景色は見えませんから、ほかの仮説に気づくこともないのです。そのまま出口に出るしかありません。

その結果、不健全な意思決定に行きつくのです。

一例を挙げると、警察などの捜査機関が一つの仮説に囚われ、トンネルビジョンに陥ると冤罪に繋がります。

会社組織で言えば、業績が傾いてきた対策の一手として、新商品の開発に固執するようなものです。

ほかにも、経費のコストカットをするとか、営業面を見直して受注力を上げるとか、売れ筋商品を強化して収益を高めるとか、いろんな可能性があったはずなのに、それらを検討しないでトンネルに入っていったらどうなるでしょうか？

新しい商品を開発するからには、それなりのコストを掛ける必要があります。そのまま出口まで突進して、当たればいいのですが、外れたら大変です。

トンネルビジョンに陥らないための三つの対策

トンネルビジョンに陥らないためには、次の三つの対策が大事です。

まず、いろいろな人の意見を聞くことです。一歩引いて眺めたり、多様な視点が必要です。とくに解決策は、これまで経験していなかったことに挑む場合もあるので、より慎重に臨むくらいでちょうどいいとも言えます。

次に、複数の仮説を考えましょう。仮説は常に複数作れるものです。複数の策を講じることで解決が進むかもしれません。

最後に、仮説の確認も欠かせません。確認する際は逆の角度からも考えたほうがよく、その仮説に都合の悪い事実や数字もきちんと追いましょう。

先ほどの捜査機関の例で言うと、現在の容疑者が犯人であるという仮説に合致しない証拠はどれぐらいあるのか、ということを考えなくてはいけません。

捜査機関はいろいろな証拠を集めるはずですが、その中の「現在の容疑者が犯人である仮説」と合致しない証拠についても検討するべきです。冤罪にならないよう、慎重にです。

それに加えて、複数の組織でチェックしても、わずかなチェックもれの穴同士がたまたま重なってチェックを通過してしまい、重大事案になることがあるのです。

これを完全に防ぐことは難しいですが、**時間を置いて別の視点でチェックすると、こういったことを防ぎやすくなります。**

自分の仮説に都合の悪い事実を見逃さない

ほかにも、飲食チェーンが出店する際、急激な出店からの反動で急速に勢いを落としていった例がありました。

たとえば「あそこにお店を出す」と思うだけなら構いませんが、そのとき「この街は人口が増えている」「その割に競合他社が少ない」など、仮説に合う数字や事実ばかりを見ないことです。

逆に「たしかに人口は増えているけれど、ファミリー層なのであまり外食しない」「競合他社が少ないのは、過去すぐに撤退していたから」など、自分の仮説に都合の悪い事実も見逃してはいけません。

その上で「この都合の悪い数字は、どれぐらいの確率で成り立つのか」を考えていくべきです。

都合の悪い数字や事実も、丁寧に追うことが大事です。トンネルビジョンに陥らないように、さまざまな角度から検討していきましょう。

問題解決のポイント④
優先順位の認識が違っていた宝塚歌劇団

コナン君や金田一君に対する素朴な疑問

『名探偵コナン』や『金田一少年の事件簿』などの推理漫画で、時折り疑問に感じることがあります。

少年漫画に向かって、大人が現実的なツッコミを入れるのも野暮《やぼ》なのですが、なぜかコナン君も金田一君も、証拠を押さえて犯人を逮捕するより、トリックを暴くことに力を入れることがよくあります。

優先順位で言えば、「先に犯人を捕まえるほうが高いのでは？」と思います。

あえて現実的に考えれば、推理漫画の少年探偵たちは、基本的な優先順位を間違えていると言わざるを得ません（もっとも、彼らは警察ではないので、それでも問題ないのかもしれません）。

犯人ではなくトリックを明かすことを優先するのと似たことが、現実のビジネスでも起き得ます。

せっかく問題の領域を設定できても、その優先順位を間違えていたら、解決は遠のきます。

せっかく謝罪会見を開いたのに……

第4章で、旧ジャニーズ事務所が外部のステークホルダーより、自分たちの都合を優先させてしまった話もしましたが、これと似たような事件が直近で起きました。

2023年9月、宝塚歌劇団の劇団員が、自宅マンションから投身自殺する事件が発生しました。

この原因について、遺族側は同年11月に記者会見し「過重な業務や上級生劇団員のパワハラによって心身の健康を損ない、自殺に至った」と訴えました（日本経済新聞2023年11月10日）。

劇団側は、同年11月14日に記者会見を開き、過密スケジュールであったことを認めました。しかし、劇団側がパワハラやいじめをはっきり認めなかったため、遺族側は、再検証を求めました。それについての会見で次の発言が出てきます。

「そのように言われているのであれば、証拠となるものをお見せいただけるよう提案したい」（「東洋経済オンライン」２０２３年11月18日）

もし会見で謝罪が必要であれば、優先すべきは遺族への誠実な対応だったことになります。

せっかく「謝罪会見する」というところにまで至ったのに、証拠が話題になったため、反発が起きました。

リーダーも過信してはいけない

リーダーはただでさえ多忙であり、するべきことが多いため、優先順位をつけること自体が難しいかもしれません。しかしそれでも、状況と事態の流れに応じて仕事の優先順位をつけていくことが必要です。

世の仕事術の本では、「仕事には優先順位をつけましょう」と書いてあったり、「優先順位をつけることは難しいので、逆優先順位をつけてやらないことリストを作りましょう」など、さまざまな提案がされています。

しかし、その優先順位を、どのような方針でつけるかが最も大事な問題です。

優先順位づけは、仕事の状況を一歩引いて眺め、「この状況で自分に求められていることは何か」ということを、ミッションに照らし、本来なされるべきタスクは何かという観点から考えることが必要と言えます。

問題解決のポイント⑤最後までバイアスと戦う

やはりバイアス理解はリーダーの基本

リーダーは、決断を出していかなくてはなりません。さまざまな情報を収集し、取り得る選択肢を複数考え、仮説を複数考え、各選択肢で行動選択した後、どのような事態が発生するかを予測します。

その上で、最善と考える選択肢を採用していくのです。

リーダーが最善を尽くしたとしても、人間としての認知能力は限られています。また、情報収集や決断に無限の時間をかけるわけにもいきません。そこで、ある程度の見切りをつけて決断し、行動していく必要があるわけですが、その前提となる情報の収集や判断においては、バイアスの影響から逃れることができません。

どのようなバイアスが存在して、世間において生じたさまざまな事件が、バイアスという観点からは、どのように解釈できるのかをお示ししました。

本書は、そういった事例から学び、私たちみんなに潜むバイアスと、それが影響しておこなわれた決断の結果が、どのようになるかをお示ししてきました。

私たちがバイアスのない認識や判断ができるのであれば、今よりももっとよい意思決定ができるのかもしれません。しかし、それは実際には難しいことです。

バイアスというのは、私たちが人間として生物として生き残るにあたって、私たちの認識の仕組みの中に深く組み込まれたものです。

したがって、今日になって不都合になったからといって、いきなりすべてなくすことはできません。しかもバイアスは、無意識の情報処理過程で起こってきます。そのため自分でバイアスに陥っていることは自覚できません。

どれだけメタ認知ができたとしても、どれだけミッションを守っていたとしても、どれだけ解決策を提案できても、相手は無意識なものなので完璧にはなくなりません。

だからこそ、バイアスについて深く知っておく必要があります。大事な意思決定をするときは、バイアスがあることを前提に、不都合な決定を避けていきましょう。

存在しない「魔法の杖」より、末永く武器となる知識を

日ごろはヒューリスティックス的判断で、何を食べるのか決めても問題ないのですが、栄養学を学んで食べるものを選択すれば、長く健康を保つ一助になるでしょう。

いつもは直感的に判断しながら生きているけれど、時々は振り返って考えてみて、自分の習慣や考え方、働き方をちょっとずつ変えていくことは、ビジネスにおいても人生においても役に立つはずです。

もし、すぐにすべてを解決する魔法の杖を探しているなら「バイアスなんか知っても役に立たない」ということになるかもしれません。

しかし、「即効性は期待できなくても大事なもの」はたくさんあります。しかもそれは、一度身につけたら忘れない限り、長いこと自分を助けてくれる知識なのです。

そしてバイアスは、そのような知識の一つです。

ぜひ安心して、バイアスについて勉強していってください。きっとリーダーの方々を日々助けてくれる存在となるでしょう。

あとがき

近年、経営の意思決定におけるバイアスについて、広く知られるようになりました。本書は現実に起きた企業の問題を、バイアスに影響を受けた意思決定という観点から理解することを試みました。

この観点は、事件が起こった際に責任者を非難するだけで終わらせず、今後の教訓を引き出す上でも必要な視点であると思います。

航空事故対策や災害対策では、事後検証がしっかりおこなわれていますが、その際には、人間の意思決定の仕組みや集団内の意思決定の仕方、という視点も重視されています。この視点を企業経営に応用していくことができれば、経営上の安心・安全対策になるのではないでしょうか。

本書でもお話しした通り、バイアスをなくすことはできません。そのため、バイアスがあることを前提としつつ、適切に意思決定をし、時に事後的に修正し、健全で安定した経営をおこなう仕組みを構築することが必要とされています。

この仕組みは、物理的な道具を開発するというよりも、ルール・手順・コミュニケーションの方法・それらのパターンなどの、目に見えないものの組み合わせということになります。その仕組みは、人間の認知のパターンと適合していなくてはなりません。

認知バイアス研究は、ダニエル・カーネマン、エイモス・トヴァースキーという二人の心理学者が、経済学の標準理論に挑戦し、覆すという気持ちで研究を継続して大きく注目を集めるほど発展しました。

彼らは、人間の判断や確率の認知には歪みがあるという研究結果を次々と発表し、経済学を書き換え、行動経済学の基礎を築き、ノーベル賞まで受賞したことで知られるようになりました（残念ながら、トヴァースキーはノーベル賞の受賞時には亡くなっていました）。以来、彼らの影響もあり、世界中でバイアス研究が関心の的となりました。バイアス研究自体は、彼らの研究前からの歴史がある研究テーマであり、現在までに研究の積み重ねがあります。

私は心理学の応用研究をおこなってきましたが、知れば知るほどに「バイアスの対策を立てるのは難しい」という思いを深めています。これはビジネスの世界が知れば知るほどに奥が深いのと同じような感覚ではないかと想像しています。社会心理学もビジネスも、人間同士の関わり合いが関心の対象ですから。

とはいえ、ビジネスのリーダーはすでに十分に忙しいのに、バイアスの勉強にも時間を割かなければいけないのも大変です。そこで本書は、お忙しいビジネスのリーダーの方にも、バイアスとは何かの概要から対策のヒントまでイメージしていただけるよう、そして比較的短い時間で読めるように構成しました。

リーダーが知るべきポイントを知り、それが実際にどのような形で問題になり、対策のヒントはどこにあるのかを知ることで、当面のバイアス対策は可能だと言えます。すでにバイアスについて聞いていたけれども、なかなか取り組む機会のなかったリーダーの方には、この本を一つの入口としていただければ幸いです。

本書では、過去のさまざまな事例と教訓を紹介してきましたが、こうした事例を参考にしながら、多くのリーダーがバイアス対策を取り入れた組織運営をしてくださるのであれば、社会的な意義は非常に大きいと考えています。

私が研究する分野はいわゆる「文系」ですが、それがビジネスの「役に立つ」ことはなかなか広く一般には理解されにくいことを、日々の報道やネットの言説などを見て感じています。

もちろん、社会心理学はマーケティングや広告などで取り入れられているように、また認知心理学は公共交通機関の安全に貢献しているように、また経営コンサルティングで活用されているように、「文系」の研究が、すでに長きにわたって活用されているビジネスの分野もあります。

しかし、いわゆる「理系」の分野が製造業を中心に、当然「社会の役に立つ」と思われているのに比較すると、圧倒的に認知されていない感覚があります。

単に認知されていないだけであればよいのですが、研究費や組織維持費用の配分で不利に扱われたりして、存続が危うくなる事態が進行する一方、「文系」の研究者は研究の世界にこもって、世間離れしたことばかりしているという誤解が蔓延しています。

それは一つには、「理系」のように「論文の引用数」のようなわかりやすい研究評価の指標が当てはまりにくいからかもしれません。

「文系」が扱う人間の行動は、文化や制度の文脈によってその意味が変わるものです。すると、各国各地域独自の文脈を前提とした研究にならざるを得ず、すると全世界共通でない研究もたくさんあります。

また、理系のような研究公刊の慣行・引用慣行がない場合、引用数だけで研究の評価をおこなうことは難しくなります。


社会的要因としては「文系」の研究者自身が、ビジネスの世界にかかわることが少なかったからかもしれません。ビジネスはこの世を動かす大きなエンジンです。研究者の副業禁止や、ビジネスの世界から距離を置くことがよしとされてきた慣行によって、文系の研究がこのエンジンから切り離されるとともに、世間から理解される機会が失われてきたのかもしれません。

それが最近、大学での副業解禁とともに文系研究者による起業の例も増え、徐々に変わりつつあります。これまでのように「ビジネスの世界」「学問の世界」の二つを区切る考え方が変わってきているのです。

たとえば、経済学・経営学・心理学は、その成果や社会実装の方法は目に見えません。物理的な姿のあるプロダクトが出てくるわけでもありません。

しかし、この三分野に限らず、いわゆる「文系」の分野は人間にかかわる学問です。その研究成果がビジネスの分野に取り入れられれば、ビジネスの世界での人の動きや考え方が変わります。

人の動きや考え方が変われば、組織が変わります。そして、経営の仕方・手法がよりよいものになっていくのです。

本書が、そのような流れを加速するお手伝いをできれば嬉しく思います。


本書の編集を務めてくださった秀和システム第4編集局の丑久保和哉さんには、企画から最後まで根気強くサポートしていただき、たいへんお世話になりました。

最初にお話ししたときから何度か企画の形が変わりましたが、オンラインで何時間にもわたって打ち合わせし、最終的な企画内容については構成案も含めて、非常に興味深い形に落とし込んでくださいました。

時代から求められる内容を、タイミングよく一つの本として組み立てていくというのは、一つのプロフェッションであり、才能が必要な仕事であることが、丑久保さんのお仕事を見ていて改めてよくわかりました。

また、そんな丑久保さんを紹介してくださった明治大学法学部教授の堀田秀吾先生、ご多用のところお時間を割いていただき、本当にありがとうございました。

最後になりましたが、日々の仕事と執筆活動を支えてくれている家族に感謝を捧げるとともに、最後までお読みくださった読者の方々に厚く御礼申し上げます。

2024年3月

藤田政博

著者プロフィール

藤田 政博（ふじた・まさひろ）

関西大学社会学部心理学専攻教授。東京大学法学部卒業、大学院法学政治学研究科博士課程修了。専門は、社会心理学、法と心理学、法社会学。研究では、社会心理学を司法の問題に応用する研究をおこなっている。

集団意思決定研究を司法における問題に応用する研究からキャリアをスタートさせ、個人の意思決定にも関心を持つ。専門書／論文執筆多数。国内外の学会賞を受賞。研究の傍ら自らの日常でも、心理学と経済学における意思決定研究を活用し、研究や職業上、業務上の意思決定をおこなってきた。その経験を活かし、意思決定研究のエッセンスを一般に広めるための方法を調査し、MBAにおける意思決定講座のカリキュラムに行き当たる。以上を融合させ幅広いビジネスパーソンに科学的意思決定のスキルを広めている。

主な著書に『バイアスとは何か』（ちくま新書）、『サクッとわかる ビジネス教養 認知バイアス』（新星出版社） などがある。

◆**装丁**　大場君人

リーダーのための
【最新《さいしん》】認知《にんち》バイアスの科学《かがく》
その意思決定《いしけってい》、本当《ほんとう》に大丈夫《だいじょうぶ》ですか？

発行日　2024年　4月29日　　第1版第1刷

著　者　藤田《ふじた》　政博《まさひろ》

発行者　斉藤　和邦
発行所　株式会社　秀和システム
〒135-0016
東京都江東区東陽2-4-2　新宮ビル2F
Tel 03-6264-3105（販売）Fax 03-6264-3094
印刷所　三松堂印刷株式会社　Printed in Japan

ISBN978-4-7980-7173-2 C0030

定価はカバーに表示してあります。

乱丁本・落丁本はお取りかえいたします。

本書に関するご質問については、ご質問の内容と住所、氏名、電話番号を明記のうえ、当社編集部宛FAXまたは書面にてお送りください。お電話によるご質問は受け付けておりませんのであらかじめご了承ください。